こばと保育園園庭からホールを見る

天窓からの日差しが美しい、六角形のホール

この斜面の登り降りが、子ども達の発達を促す

3歳児のハイハイ…足の親指でしっかり蹴る

1歳児のうさぎ…まだ足が上がらない

3歳児のあひる…この頃からかかとが上がる

肘をのばして脱力させる

4歳児のおうまの親子…膝をのばして

2歳児のこうま…膝をのばして手指を開いて

5歳児のお舟はぎっちらこ

2歳児のお舟はぎっちらこ…胸を大きく開く

年長児のかめ

年長児のどんぐり

年長児のそり

年長児のハイハイ

年長児の馬

年長児のうさぎ

五色の玉

年長児のロールマット

年長児のとんぼ

年長児のカモシカ

ポルカ（年長リズム）

年長児のツバメ

こま（年長リズム）

年長児のとんび

まりつき（年長リズム）

木の葉（年長リズム）

荒馬（年長リズム）

海辺で戯れる子ども達・たて波（年長リズム）

縄跳び（年長リズム）

海辺で戯れる子ども達・よこ波（年長リズム）

竹踊り（年長リズム）

ちょうちょ（年長リズム）

跳び箱（年長リズム）

側転（年長リズム）

発達障がいの新くんの絵

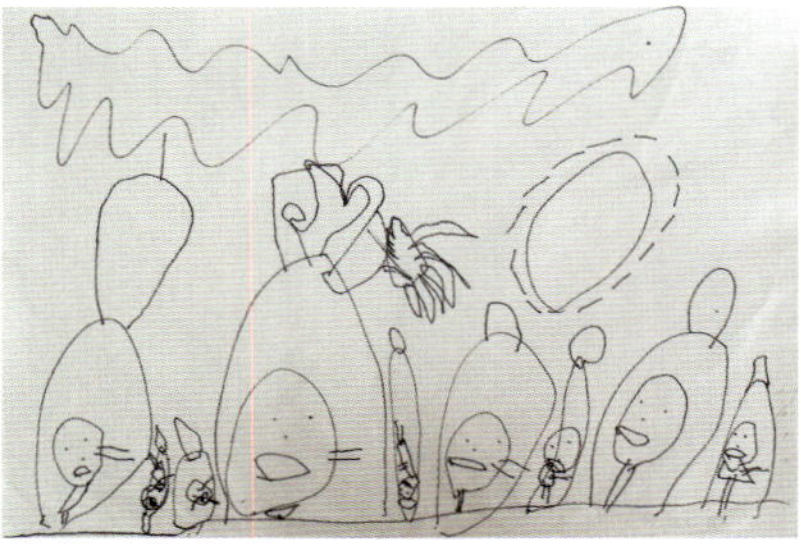

6歳 10 か月

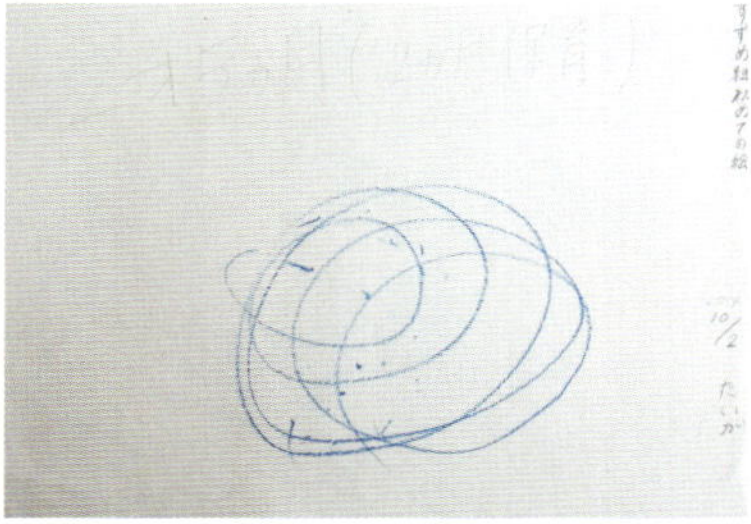

2歳5か月

卒園期の水彩画

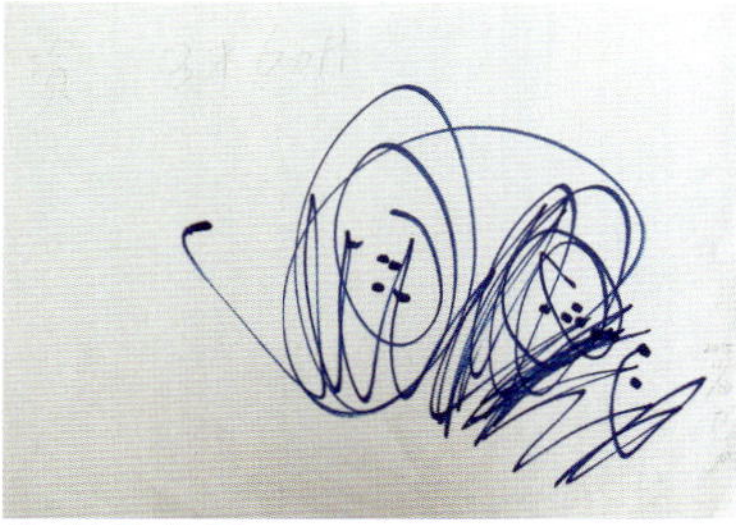

3歳6か月

卒園期の水彩画

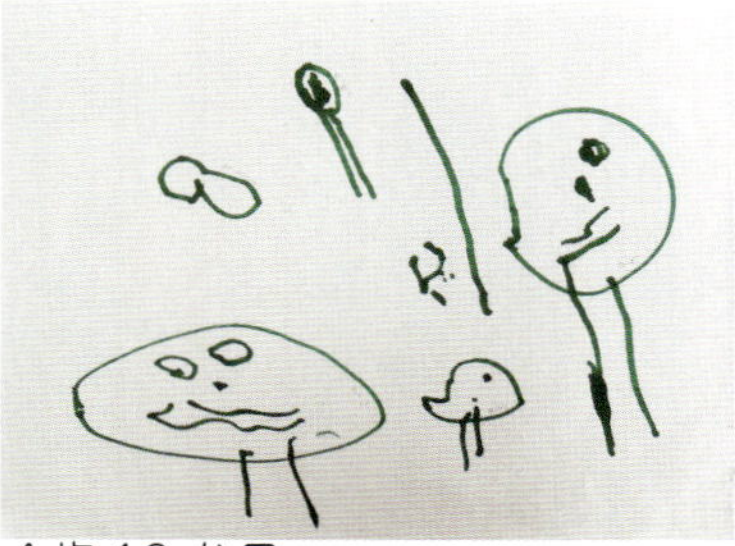

4歳 10 か月

卒園期の水彩画

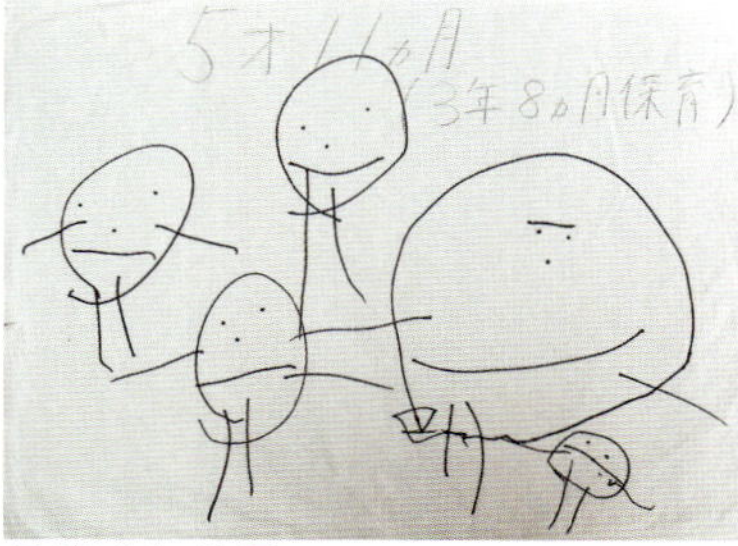

5歳 11 か月

広汎性発達障害の蓮くんの絵

5歳6か月

1歳5か月

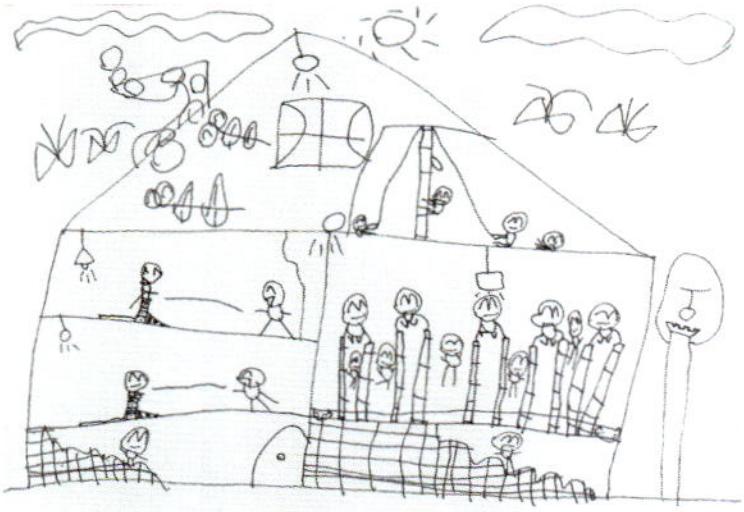

6歳5か月

1歳11か月

卒園期の水彩画

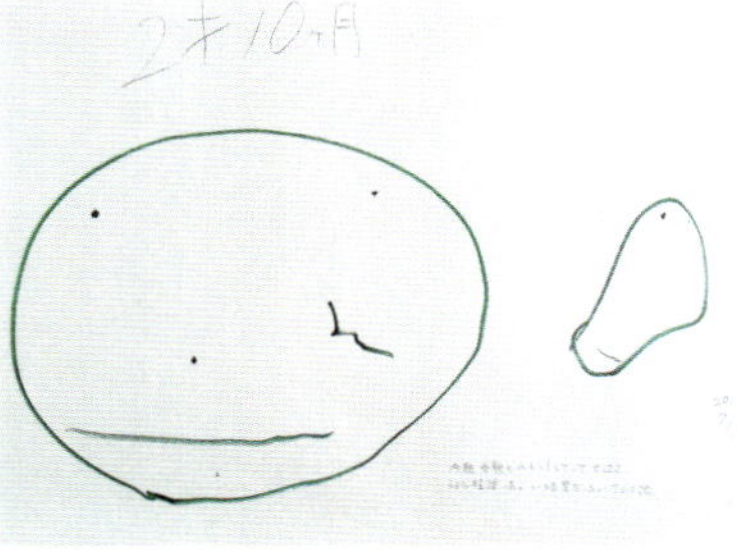

2歳10か月

卒園期の水彩画

4歳4か月

新生児重度仮死症で生まれたあかりちゃんの絵

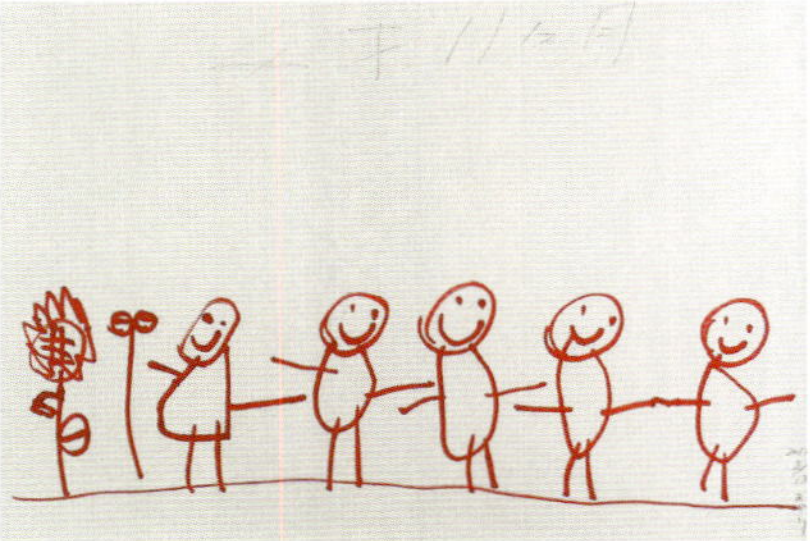

４歳 11 か月

１歳　初めて描いた絵

卒園期の水彩画

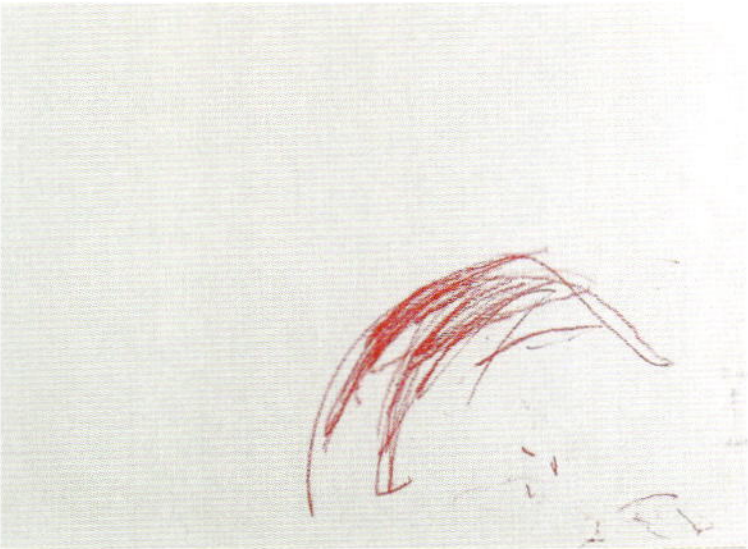

１歳２か月

卒園期の水彩画

２歳６か月

卒園期の水彩画

３歳６か月

リズム遊びが脳を育《はぐく》む

刊行にあたって

穂盛《ほもり》文子《ふみこ》（スタジオほもり代表）

2007年5月。当時私は、保育実践家・斎藤公子の記録撮影を手がけていました。収録の最中にかかってきた斎藤先生への一本の電話。それは沖縄こばと保育園の城間《しろま》園長からの電話でした。

「先生、アプガー指数[1]0点で生まれた赤ちゃんを受け入れることにしました。先生が植物状態でオランダから来日したトスカちゃんを育てたように、私達も頑張って育ててみます。」

緊急帝王切開、10分間心肺停止、出生時重度新生児仮死症[2]で生まれ、約1か月間NICUで新生児脳低温療法を受けて退院した生後55日目の赤ちゃんだという。斎藤先生は「大丈夫、あなたの園なら育つわよ」と答えました。そばで聞いていた私は、「そんな重篤《じゅうとく》な生まれの赤ちゃんがはたして育つのだろうか」と、半信半疑で、あかりちゃんの記録撮影を願い出ました。

私が目のあたりにしたのは、特別な器具や薬を使うわけではなく、リトミックを土台に考案された「斎藤公子のリズム遊び」を軸にした保育でした。弱い生まれの子どもには、元気に生まれた赤ちゃんの何倍も何十倍も手をかけ、時間をかけ、その子にふさわしい刺激を与えること。また、生活リズムを整えることや有害なものから子どもを守ることの大切さを両親に伝え、家庭と連携して子育てをする、まさに「手塩にかける保育」でした。

あれから12年、あかりちゃんは2年間の母子通園を経て、何ら障がいを持つことなく立派に成長し、今ではバレリーナを目指す素敵な小学校6年生です。

その後もこばと保育園には、多くの親子が相談に訪れました。できる限り手を差し伸べるこばと保育園は、まるで母子《ははこ》の駆け込み寺のようだと感じました。そこでは、「どんな魔法を使っているの?」と尋ねたくなるような、まるで奇跡のようなことが、日々起きているのです。

一方、子育てサイトには、一人で悩み、手探りで育児に奮闘する、母親たちの声があふれています。「子育てに悩んでいる世界中の人々に、こばと保育園で育っている子ども達の姿を知らせてあげたい!」と、居ても立ってもいられなくなった私の思いに、まずは「斎藤先生から多くのことを学び、今の私たちがある。この保育を広げることが先生への恩返しだと思う。」と先生方が賛同してくださり、また親御さんは「こばと保育園と出会っていなければこの子の発達はなかった。私たちの経験を伝えることが未来の子ども達の役に立つのなら。」と、協力してくださいました。

また、斎藤公子存命中より、脳神経科学者の立場からお力添え下さっている小泉英明博士の、「お子さんの脳の回復力というのは計り知れません。実際に医学では説明できないようなことが起こります。」とおっしゃる言葉にも支えられ、このDVDブック発刊に漕ぎ着けることができました。

五十種類以上もあるといわれる「斎藤公子のリズム遊び」ですが、その中から、特に幼い子どもからできる運動を紹介しています。それ以外の種目はDVDブック子どもたちは未来第Ⅱ期『楽しくしなやかにリズム遊び』および、第Ⅲ期『斎藤公子のリズムと歌』をご参照ください。(Kフリーダム・かもがわ出版)

斎藤公子が私たちに遺した言葉に「50年先、100年先を見すえた子育てをしなくてはならない」という言葉があります。未来の子ども達のために、子育てに関わるひとりでも多くの方の手によって、このDVDブックが開かれることを、心より願っています。

2019年11月11日

斎藤公子《さいとうきみこ》という人（1920－2009）さくら・さくらんぼ・第二さくら保育園創設者

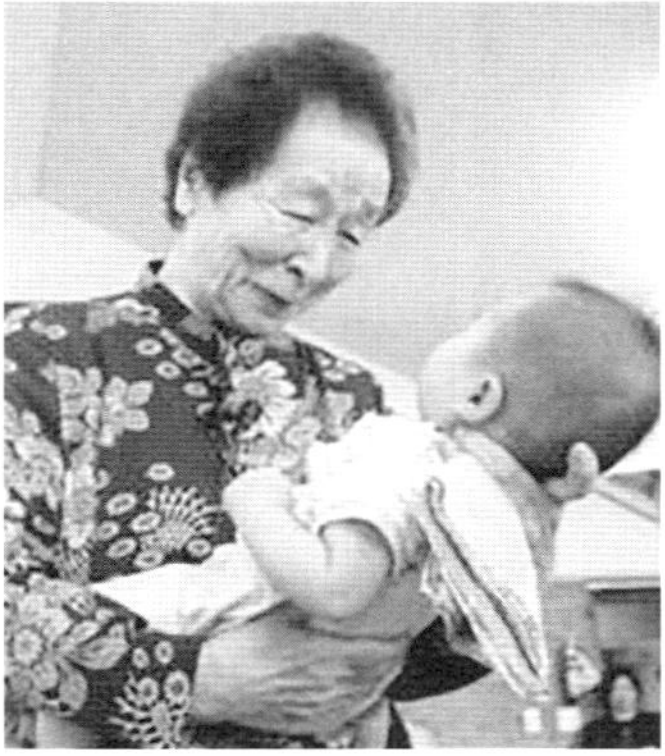

1920年9月5日、富山県生まれ。島根県隠岐島を故郷とする。画家を目指し、縫いぐるみ作家としても数々の作品を発表。東京女子高等師範学校保育実習科卒。第二次世界大戦後の混乱期から「すべての子どもたちに笑顔を」と、子どもたちの幸せのために生き抜いた。日々の保育実践を土台に、各分野の学術研究者とともに学び合い、様々な研究を重ねる。子どもの心と体を豊かに育むために、創造的・科学的な保育を実践する、大きな保育集団をつくった。

自然環境から、園舎の設計、おもちゃ、衣類、食に至るまで多くのことを私達に教示し、2009年4月16日、88歳の生涯を閉じる。

特に、子ども達を観察することにより編み出されていった「斎藤公子のリズム遊び」は、胎児期から様々な問題にさらされてこの世に生れて来る子ども達の発達を助けた。脳神経系の発達の可塑性《かそせい》(3)が著しく高い0歳児から1歳児までの保育に希望の光を当て、多くの子どもたちの障がいを軽減した。

また、子どもの幸せを願うあまり、誤った早期教育に走る親たちに警鐘を鳴らし、「子どもの本当の幸せとは何か」を説き続けた。子どもたち一人ひとりが尊厳に満ち溢れた子ども時代を送ることができる、そのような世の中をつくることをめざして、多くの人々とともに学び続け、命の限り実践し続けた保育実践家である。

もくじ

序　脳科学からみた「学習」と「教育」

―本書の意味するところ―

日本工学アカデミー上級副会長（脳神経科学者）　小泉英明《こいずみひであき》

――我々人間は誕生してから死ぬまで、脳の神経系の回路を作り続けながら生きていくのです――

脳は環境によって育《はぐく》まれる

脳は遺伝だけではなく環境から作られる部分が多いということがはっきりしてきました。環境とは広い意味で、自分以外のすべてを指します。とりわけ小さいときの環境というのはすごく大事なんです。

生まれたての脳はすごく柔らかくて、どんどん神経の接続ができていくからです。しかもそれは環境からの刺激、外から刺激を与えることによって作られるのです。さらに神経回路が作られることによって脳自身の形まで変わるのです。

そこのところが療育のとても大事なところなのですが、まだ一般にはあまり理解されていないのが現状です。その中で、斎藤公子先生はまさにそのテーマとたたかって来られた、世界に誇れる存在でした。私はそう感じています。

臨界期

例えば子猫を数か月縦縞だけの中で育てると、一生横縞が見えなくなります。これは小さいときだけに獲得できることなので、その時期を過ぎてからいくら横縞を見せても、もう見えるようにはなりません。だからこそ、生まれたての赤ちゃんの保育、育児、教育、そして障がいを改善するための、非常に大きな可能性がここにあるわけです。

視覚野の主要部では、生後8か月くらいまでに、およその神経回路を遺伝子が作り上げます。その後、外からの刺激があれば神経回路は残りますが、外から刺激が入ってこないものに関しては、神経接続部（シナプス）をどんどん捨て去って行きます。これは、生まれ落ちた環境にできるだけピッタリと情報処理能力をそぐわせるためで、能力を落としているわけではなく、雑音を減らしているのです。例えば日本で生まれたら、英語にあるLとRの判定というのは必要ありません。日本語を喋る上でこの2つを区別していたら効率が悪いので、日本語の「らりるれろ」が聞こえるだけにシナプスを落としてしまいます。ですからその刈り込みが行われた後で英語を聞いたらLとRが区別できないということになるのです。脳神経というのは、そのように非常に合理的に作られているわけです。

視覚野だけではなく、幼い時に発達する感覚系には、このように臨界期が存在するところがたくさんあります。ですから、生まれてからしばらくの間というのは非常に重要な時期、まさに保育園にいる時期ですね。そこが脳の神経の発達という観点からみると、一番の原点になります。「三つ子の魂百まで」という意味の諺が世界中にあることもうなずけます。

どのような刺激を与えたらいいのか

過度に早期教育の教材を与えるというのは、私は感心しません。調べれば調べるほど、自然からの刺激というのは、非常にたくさんの要素が含まれていて、大変に中身の濃いものだということが分かります。我々がいつも何気なく聞いている、「ザーザー」という雨の音とか川の音、波の音、雨だれの音、葉っぱが風で擦《こす》れる「さやさや」という音や、近くで聴くお母さんの歌声、それらは音響的に分析すると、極めて豊富な周波数を含んでいます。私もピアノは大好きな楽器ですが、音叉の音と同じような弦（ピアノ線）の振動を共鳴板で増幅しているのです。すごく単純な音なのでそれだけ聞いていても神経系はあまり育たないのですね。でも自然の音ですと、その音の振動には複雑な要素を豊かに含んでいます。

人間が作った美術品も、自然の作り出したもの程には複雑ではありません。外の景色をみれば、たとえば樹木を一本見ても、葉っぱがたくさんついている。葉っぱを形取る線というのは実に複雑で、様々な方向を向いているし、縦線・横線だけということは有りえません。私は幕張で最初に気づいたのですが、人工的な都市ですと、縦線と横線ばかりなんですね。近代的なビル群には斜めの線もなければ、複雑な曲線など全然ない。その中だけで育ったらそれしか見えなくなってしまうわけです。

でも自然の野山を見ていると、あらゆる線や形、色もたくさんあります。それこそが本物の刺激ということになるのです。

脳神経回路の可塑性と代償機能

１９９６年、泣きもしない、笑いもしない生後11か月のトスカが発達の可能性を求めてオランダから来日しました。仮死状態で生まれてきたこの子は、感覚を脳に送る神経の束と脳から全身に指令を送る神経の束の両方が交差するところ（内包前脚と内包後脚）を中心に大事な神経がやられてしまっていたのです。体は感じないし、動かないという状態で、さらに脳の他の部分も大変な状態であるということがわかりました。

私たちはまず、トスカの左掌を触ることで体性感覚の刺激を与え、本人の脳がそれを検知できるかどうかを光トポグラフィ[4]を使って検査しました。すると、やはり、通常動くはずの体性感覚野は動きませんでした。ところが、前頭葉へ行く神経系の一部が生きていて、左掌の摩擦刺激で前頭葉が活性化することが見つかったのです。手の施しようがないと言われて日本へ来たトスカも、前頭葉の方にはわずか神経の刺激がいっているので、刺激を与えることで教育することができるという可能性が見つかったのです。

私たちの機能代償領野の研究が、現在リハビリテーションの分野でも進み、例えば脳卒中で倒れた時に全然別の場所が代わりに代償作用を行うということがわかってきました。トスカの場合も同じことが起こっていたのです。しかも幼い、柔らかい脳ですから、代償作用がすでに始まっていて、それを伸ばしていけば、完全にやられてしまった箇所も周囲から少しずつ回復する可能性がありました。代償領野から元のところ（体性感覚野）へ戻る可能性もゼロではないわけです。そのために何をすればいいかというと、もう、正に、刺激を与えるのみですね。

斎藤先生のマッサージやリズム遊びなどの大変なご尽力が必要だった背景がそこにあります。

脳の進化

脳は中心の部分から外へ向かって進化していきました。「脳幹」というのは生命を維持する脳ですから、循環系とか呼吸を司っている部分です。大脳辺縁系に重なる「古い皮質」というのは次に進化した脳で、ここが生きる力を駆動し、意欲を作る脳です。最後に発達したのは「新しい皮質」で、これはよりよく生きるための脳です。いわゆる理性とか知性というのはこの一番外側の、人間になって初めて発達して来た新しい脳に依存しているのです。

人間特有の新しい大脳皮質を鍛える知育というのは、知識とか、スキルを学ぶ脳を育むことに相当します。学校教育で外側の「新しい皮質」ばかり一生懸命に鍛えても方向違いとなります。それを使おうとするその内側の「古い皮質」、これが小さいときからしっかり育まれていないと、外側の脳を使う意欲が起こらないし、情熱もわかないということになります。

ですから、意欲を作る古い皮質を育てることが極めて重要なポイントなのです。

人間の脳の同時並列分散処理

人間の神経回路というのは情報の伝達がすごくゆっくりです。みなさんがお使いのパソコンやスマートホンでは、1秒間に地球7周半するほど速い電子の情報伝達を使っていますが、神経回路は1秒間にたかだか100メートルくらいしか情報が伝わらないので、比較になりません。それなのにどうして人間はコンピューターを凌《しの》ぐようなすごい情報処理ができるのかというと、ものすごい数の神経回路で分担して、同時並列分散処理をしているからなのです。

網膜に写ったものを、形、色、動きなどに細かく分解して処理し、それを視覚連合野で統合して、大脳辺縁系などで記憶し、最後に言語野を通って意味を理解する。これが我々の感覚から知性の方へ至る働きの全容なのです。

本物は見えないところにある

ここで大事なことは、脳内で全部バラバラにして並行で処理している時には我々はその作業を意識できないということです。最後の最後の終わりに近いところでやっと意識するというプロセスに入っていくのです。

教育というものも、その最後の上澄みのようなところで行っているのです。ですから教育というのはよほど気をつけていないと、とんでもないことをやる可能性があるのです。

氷山で言えば水面下の見えない部分、そこで脳は大変な処理を行っています。意識に上っている水面上の部分は極わずかです。自然の物を見たり、匂ったりしている時には意識していなくても脳の中には水面下の情報まで全部取り込まれ処理されています。ところが人工物というのは水面上の上澄みで作られたものですから、それで教育されてしまったら、この水面下の膨大な、肝心な部分がわからないわけです。

この辺りがまだ正式な学問になっていないのですが、実際に保育・教育の現場に近い方々は、直感的に感じておられる。だからこそ、正しい保育、療育ができると、私はこう感じております。

「当事者研究」という視座

「当事者研究」というのが、最近は重視されるようになってきました。私の近くでは、東京大学先端科学技術研究センターの福島智教授の研究室があります。福島先生ご自身が、ヘレンケラー（１８８０年～１９６８年）女史と同じ目と耳の両方に障がいを持っておられるのですが、「指点字」という方法で教授会でも支障なく議論されています。当時者でないとわからないことを中心に研究も活発です。

この本も、障がいをもったお子さんと一心同体で努力されてこられたお母さま自身が、実際に観察や経験されてきたことが中心となっています。そこに、療育や医学の専門家が見落としてきたかもしれない発見があるのです。専門家を含めて、多くの学ぶもの、大切なものがこの本には含まれていると私は感じています。

斎藤公子（1920年～2009年）先生が創始された「斎藤保育」の重要な側面の一つは、この「当事者研究」に近い視座です。斎藤先生は、重篤な障がいを持つお子さんの場合は、突然の発作に対処できるように、時には一緒の布団で夜を過ごし、わずかな異変も見落とさないようにしていました。これは、医師の立場とは大きく異なるのです。小児科や小児神経科の医師は、多くの子どもたちを診察して病名を的確に判断して、適切な治療を施すのが仕事であって、いわば裁判官のようなものです。毎日、たくさんの子どもたちを診察するので、一般に一人の患者さんにかけられる時間は、平均して4～5分と言われています。ある医師の方は、実際には2～3分かも知れませんとおっしゃいました。一方、斎藤先生のような重篤な障がい児への接し方は、一心不乱に現象を見詰め続ける科学者の立場に近いのです。新たな知見は、その膨大な時間の中から見えてくるのです。

愛は脳を活性化する

「斎藤保育」を語らせていただく時に、三木茂夫（1925年～1987年）先生と重なるようにいつも思いだされるのは、松本元（1940年～2003年）先生の存在です。1997年に理研脳科学総合研究センター（BSI）は、伊藤正男創立所長がアリストテレスの観照知・実践知・制作知に対応させて、「脳を知る」「脳を守る」「脳を創る」という3部門から構成される国際的な脳の研究機関として設立されました。たまたま、松本先生のお考えを伊藤先生に直接お伝えしたことが契機となって、松本先生はその後、通産省の研究所からBSIの「脳を創る」部門へと異動し、世界的な活躍を続けました。現在のようなAI（人工知能）全盛期が始まる布石を準備したのです。

松本先生は、筑波にいたころ、若い脳の可塑性に関するたいへんな経験をしました。交通事故で意識が戻らない少年に、医師の反対も聞かずに、少年の家族とともに呼びかけとマッサージを長期間（約3か月）続けたのです。その少年はとうとう意識を取戻し、大きく損傷した脳にもかかわらずやがて日常的な生活ができるようになったのです。医学の世界でそのようなことが起こるはずがないと、医学者らは強く否定しました。しかし、そのとき若い脳の可塑性を目のあたりにした若い医師は、松本先生の生物物理学の研究室に自ら移籍して研究を続けたのです。

一方で、松本先生は物理学者にもかかわらず、神経の基礎研究に必須なヤリイカの飼育にも全身全霊をもって挑戦しました。そして、それまでは絶対に不可能だと言われてきたのに、飼育に成功したのです。「刷り込み」現象の発見者であるコンラッド・ローレンツ（1903年～1989年、1973年ノーベル生理学・医学賞受賞）は、ヤリイカの飼育成功が信じられずに日本まで確認に来て、松本研究室に数日間滞在した後、やっと納得したのです。イカは自分が排泄した尿中アンモニアに極端に弱かったのです。新鮮なヤリイカの巨大神経によって脳科学が進展したのも、私たちが今日、寿司店で新鮮なイカを楽しめるのも、物理学者の松本元先生のお蔭なのですが、若い脳の可塑性については、まだ、納得していない人々もたくさんいるのです。「斎藤保育」の中の療育に、心ある後継者の方々が苦労されている理由の一つでもあります。

松本元先生も斎藤公子先生と同じことに気づかれて、物理学者でありながら『愛は脳を活性化する』を出版しました（1996年、岩波書店）。

子どもに注ぐ親の深い愛情、「斎藤保育」の原点にある子どもへの尽きない愛が、原初的な脳の情動系を動かし、脳を生きる方向へと駆動するのです。

以上述べました背景を知って、このお母さま方の心を込めた記録を読んでいただけると、より味わい深い内容を感じていただけると思います。

小泉英明

小泉英明
公益社団法人日本工学アカデミー　上級副会長／国際委員長
国立大学法人東京大学先端科学技術研究センター　フェロー／ボードメンバー
株式会社日立製作所　名誉フェロー

こばと保育園の実践と
体験記

こばと保育園の実践

大城清美・穂盛文子

1978年に沖縄県中頭郡《なかがみぐん》西原町に開園したこばと保育園。斎藤公子の保育実践に学び、多くの子ども達の成長発達に貢献してきました。

1、立地・園庭

こばと保育園（2019年3月撮影）

昔から子ども達を育む学校は、日当たりや風通しなどその村一番の場所に建てられました。その精神を受け継ぎ、東南に開いた、風が流れる小高い場所を選びました。地に足が着いた人間に育って欲しいとの思いから、平屋の設計です。

園庭にはプラスチック製の遊具の代わりに、大きな樹が木陰を作っています。土地の起伏を利用して斜面で遊ぶことや、木登り、そして毎日の雑巾がけは、子ども達の足の裏を刺激し、足腰をしなやかにしてくれます。特に〝脳の神経系の発達を促す〟と言われる、親指の蹴る力を育てます。

2、食

なるべく地域の安全な食材を使った野菜中心の給食は、砂糖や化学調味料は使わず天然のだし汁で旨味を引き出したうす味です。

お米は栄養価の高い五分搗米《ごぶづきまい》。子ども達はまず野菜から食べ始めます。

おやつも季節の果物や野菜を使った手作りのおやつです。

食器は環境ホルモンの影響を考慮して、プラスチック製を避け、陶器や陶磁器などのお皿や木製のお椀、割れにくいガラスのコップを使っています。

子ども達が大好きなお弁当の日は、お家の方にも食の大切さを学んでもらうよい機会となっています。お弁当箱も、木製の輪っぱや竹製の物など、水筒もキャラクター物ではなく、シンプルなデザインの物を勧めています。

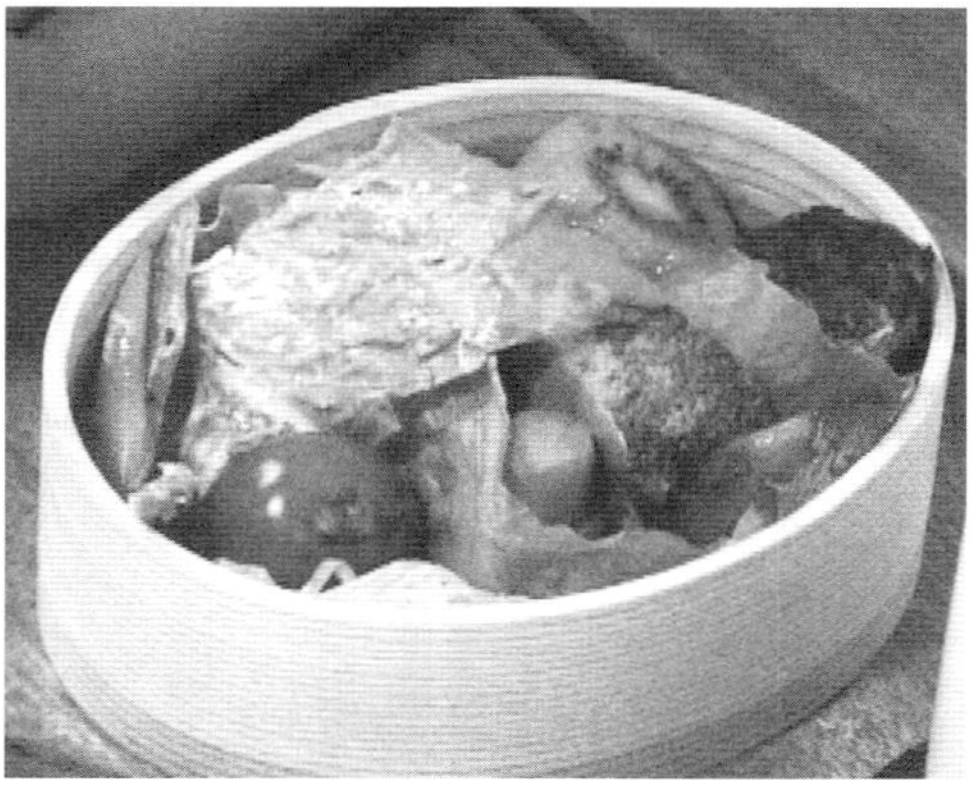

3、絵本と描画

各年齢にあった、絵本や紙芝居を読み聞かせます。

優れた文化を伝えたいという思いから、世界の童話や民話をお話しします。

斎藤公子が「こんな人間に育って欲しい」という願いを込めて編んだ年長児のための10冊の絵本は、卒園して広い世界へ羽ばたいていく子ども達に毎年語り聞かせています。

子どもは一歳前後から絵を描き始めます。点から線へ、弧を描き、2歳頃には、グルグル描きから○《まる》が描けるようになります。しっかりと丸が閉じたころには、〝お喋《しゃべ》り〟から〝会話〟ができるようになります。自分の手足を認識する3歳頃には頭足人を描き、家族やお友達を描くようになります。4歳頃に空や大地を認識するようになると、地平線を描き、木の根っ子や蟻の巣など、地面の中の様子まで描くようになります。楽しいこと、悲しいこと、生活リズムが狂った時など、全て絵に現れます。

ほとんどの子どもが6歳になる卒園期には、水彩絵具をじょうずに使えるようになります。それぞれが感銘を受けたお話の場面が、実に見事な絵になります。

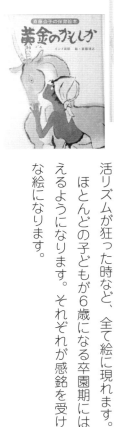

4、斎藤公子のリズム遊び

斎藤先生の保育実践は、諦《あきら》めないで続けることで、どんなに大変な生まれの子どもでも必ず変わる、希望の保育です。

私が斎藤先生のもとで一年間勉強した1981年から先生が亡くなる2009年までの約28年の間に、「斎藤公子のリズム遊び」は目まぐるしく変化し続けました。それは進化でもあり、また、弱さを持って生まれてくる子ども達が年々増えていく中で、どの子も笑顔にしたいと試行錯誤しながら考え続けた結果だと思っています。

年長リズムには華やかで楽しいものがたくさんあります。けれども晩年の先生は、基本のリズムをとても大事にしていました。

先生の沖縄での保育講座において、参加者から「リズム遊びはどれくらいやったらいいのですか?」という質問をよく受けました。先生は「私は朝に晩に、リズム遊びをしているんですよ。」と、答えていました。先生が亡くなった今、それを思い出して、私の園でも午前・午後、毎日2回リズム遊びをするようにしています。

こばと保育園では親指の蹴りが出ない子も、うんと手をかけ、待って待って、自らの力で足の親指の蹴りが出るまで根気強く保育を続けることで、生まれの弱さを克服してみんな元気に育って行きます。ですから0歳から年長まで一番丁寧に行うのは「ハイハイ運動」なのです。

斎藤公子のスケッチ

蘇《よみがえ》った「命」

アプガー指数0点で生まれたあかりちゃん

重度新生児仮死症

母35歳（栄養士）妊娠9か月まで勤務
第二子（7歳違いの兄がいる）
2007年4月7日生まれ　体重3286g、身長50・8㎝
アプガースコア0／4
妊娠期間39週5日、陣痛時間10時間
吸引分娩　緊急帝王切開　新生児重度仮死症
NICU⑤新生児脳低温療法
生後55日目から母子通園開始

2歳までは親の手で

（あかりの母　記）

私は千葉県出身。縁あって沖縄の方と結婚することになり、結婚を機に沖縄に住むことになりました。そして、第一子、男の子を出産。2歳までは親と一緒に過ごした方がよいと思いこんでいたので、2歳までは仕事をせず、子どもと一緒の生活を送りました。子どもが2月生まれなので、4月から保育園に入れようと思い、年明けから保育園探しを始めました。

当時私たち夫婦の子育てについての考えは、男の子でもあり活発に動く子だったので、〝のびのびと遊べる保育園〟〝誤った早期教育をしない保育園〟〝家から近い近隣の保育園〟ということだったので、これだけを課題に保育園探しを始めました。

認可保育園は主人とまわりました。隣に息子と同級生のお子さんがいらして保育園探しをしていたので、無認可保育園はお隣さんと一緒に保育園巡りをし、子どもが一番楽しく遊んでいる保育園を、と。

最後にこばと保育園を探しましたがどうしても見つからず、保育園に電話して場所を聞くと園長先生と話ができると言ってくださいました。「この急な坂を登ると保育園があるんだね。」と話しながら坂を登っても……本には1000坪の敷地と書いてありましたが……。よーく見たら小さな玄関、看板もすぐには見つからないようなものだったのです。

こばと保育園との出会い

玄関に入った瞬間、〝開放的でなんて気持ちのいい保育園なんだろう〟と、私の心は鳴り響きました。子ども達は、まだ寒い時期なのに裸足《はだし》で自由に駆け回り、楽しそうに遊びまわっています。気がつけばわが子も、その空間で気持ちよさそうに過ごしていました。今まで見た保育園とはまるで違う印象でした。

心が高鳴りながら、園の見学をして、園長先生の話を聞きました。園長先生の話は、今まで読んだどの育児の本にも書かれていない内容でした。「斎藤公子の保育」を行っていると伺いましたが、そのときの私にはよくわからず、ただただこの保育に魅了されていきました。

息子が砂遊びをしている姿を見て、紙おむつをしていることを指摘されました。園長先生は、「子どもがかわいそう！紙おむつで育てたら大変よ！」と、オシッコが出た感覚がわからなくて垂れ流しになってしまう恐れや、快・不快の感覚が育たず五感が育ちにくくなる可能性など、紙おむつの弊害を説明してくれました。だから、ここの子ども達は綿のパンツで育てていると話されました。私にとっては衝撃でした。今まで誰もそんなこと教えてくれた人はいませんでした。お隣のお母さんと「紙おむつって怖いんだね。」と話し、保育園を出てからすぐに近くの衣料品店に駆け込んで、綿のパンツを買った記憶が、今でも鮮明に残っています。

〝この保育園で育ったらわが子は幸せだろうな〟と思い、すぐにでも決めたい気持ちでしたが、認可外保育園だったため保育料が高く、最初迷いました。主人にもこの保育園を見てもらって一緒に決めようと思い、「次回主人と一緒にきて入園するか考えます。」と、保育園を後にしました。

後日、主人と長男を連れて保育園に行くと、主人もすぐに気に入りました。お金のことは、もう紙おむつもおもちゃも買うことをやめれば、どうにかなる。それに、私も仕事を探して働けば大丈夫！子どもに〝こばと保育園で育ってもらいたい〟という強い気持ちで、入園をお願いしました。

あかりの妊娠・出産

長男が3歳のときに一度流産し、2年後にあかりを妊娠しました。家族みんなうれしくて、赤ちゃんが生まれるのを楽しみにしていました。

病院でお腹の子が女の子とわかった妊娠6か月頃「明るい子が生まれるといいね。」と話しているときに、長男が私のお腹を触りながら「〝あかり〟という名前は？」と言いました。「とても響きもよく素敵な名前ね。」と、主人にも相談して名前が決まり、赤ちゃんが生まれるのを楽しみにしていました。

私は、つわりもなく元気に過ごし、仕事も妊娠9か月まで続けていました。ひ弱と言われながらも一生懸命保育園の年長の課題を乗り越え、頑張っている息子の姿に励まされ、私も斎藤保育の本を読み、勉強しました。そこには幼い頃の保育がいかに大切かが書かれていました。「2歳までは親が育てるのがいい」という思い込みを捨て、2番目の子は0歳児からこばと保育園で育ってもらいたいと思いました。生後10か月からお願しようと思っていましたが、「それでは遅いよ。」と園長先生から言われ、考え直して6か月からお願いすることにしました。

出産は前回、長男が難産だったため、帝王切開にしようかと病院と相談していましたが、私の体の状態もよく、赤ちゃんの頭囲もそれほど大きくなく、体も元気に育っている様子なので、普通分娩で大丈夫そうだということで、私も産道を通って生まれてきてくれた方が赤ちゃんの育ちにもよいと思って、普通分娩でお願いしました。

予定日4月2日。それより早く生まれたら、早生まれで苦労させてしまうので、"ゆっくり子育てをしたいからもう少しお腹にいてね"と願いながら予定日が過ぎ、6日の夜に陣痛が始まりました。出産後に長男の入学式にも行くつもりで、入学式に着る洋服を準備してから、病院に向かいました。

産みの苦しみ

陣痛が10分おきになり、助産師さんと笑って話をしたりしながら、赤ちゃんが生まれるのを楽しみにしていました。時間がどれくらい経ったのか記憶にありませんが、助産師さんが交代していたので、夜中12時過ぎ頃だったと思います、激しい陣痛が……すごい激痛でした。長男の時には味わったことのない痛み。一緒に立ち会った主人がとても心配していました。

助産師さんに「頭が見えてきたよ。」「あともう少し！頑張って！」と言われながら、なかなか産まれず、「吸引しましょう。」と言われ、移動して吸引をしましたが、それでも赤ちゃんが出てこない。私も陣痛に苦しみ、なにがなんだかわからない。

そんなとき、先生が突然吸引を止め、病院スタッフの行動が変わっていきました。どうやら、赤ちゃんの状態があまりよくないようでした。

「なかなか生まれないので、急遽帝王切開に変更します。」と言われました。手術の準備をしていたのだと思いますが、"パリーン！"と音が鳴り、何かが落ちて割れたようでした。

スタッフがとても焦っている状況を雰囲気で察しました。不安でたまらない時間は刻々と流れていきました。

そして主治医の先生ともう一人先生が駆け込んできてから、手術は手際よく進んで行きました。

赤ちゃんが生まれたようでした。

出生時10分間の心肺停止　アプガー指数0点!!

やっと生まれた……でも赤ちゃんに会わせてくれない……赤ちゃんをきれいにしてくれているのかと最初は思いましたが、赤ちゃんの生声が聞こえない……

「お父さん、赤ちゃんは？泣き声が聞こえないよ！」と私が聞くと、「赤ちゃんが奥にいて、姿がここからは見えないよ」と。麻酔で体が動かない私は、ただただ涙が止まりませんでした。

「赤ちゃんは大丈夫ですよ。息をしています。でも、今すぐ総合病院に転院しないといけません。

下に救急車を呼んでいます。お父さん、一緒に来てください。」と言われました。スタッフはかなり急いでいる様子で、赤ちゃんをすぐに保育器に入れようとしたので、「お願い顔を見せて！」と頼むと、「ほら、ピンク色した赤ちゃんよ！」と見せてくれました。赤ちゃんは確かにピンク色の肌だった。でも、生声《うぶごえ》も上げずに保育器に入れられ、姿を消した……そして主人も……。

一人になり、涙が止まらず、体も動かせなかった私……看護師さんが涙を流しながら私の涙を拭いてくれていました。

気がつけばベッドの下は、血がいっぱいついたシーツ……。また看護師さんが私の側で何かざわついている。何度も両腕の血圧を測っていました。「どうしたのですか?」とたずねると、「血圧が……上の血圧が40しかない！」と。私自身、麻酔もしているので感覚がなく、自分自身の体が分からない。頭は赤ちゃんのことでいっぱいでした。

これがあかりの出産でした。

出生時10分間心肺停止で新生児重度仮死症、アプガー指数0点だったことは後から知りました。

脳の低温治療

あかりは総合病院に転院し、脳の低温治療を受けることになりました。全身麻酔で最初脳を35度に冷やし、徐々に2週間かけて37度まで上げていく治療です。脳に障がいが出るのを防げる可能性があるといわれ、この治療をお願いしました。生まれたばかりの赤ちゃんが、2週間も全身麻酔を受け続けるのは気になりましたが、それよりも障がいが出たら大変だと思い、病院にすべてまかせ、目が覚めた時に元気な赤ちゃんになっていて欲しいと願いました。

主人は毎日あかりの姿を見に行ってくれました。私は出産後体調が思わしくなかったのですが、どうしてもあかりに会いたくて車椅子で会いに行かせてもらいました。

全身麻酔のため、母乳もミルクもあげられないので、点滴で水分補給と必要な栄養を入れていました。特別な薬などの使用はありませんでしたが、たくさんの点滴や管が身体中にあって、なんとも痛々しい姿でした。

私は少しでもあかりのそばにいたくて、あかりと同じ病院への転院をお願いしました。ベッドが空き次第ということで、申し出て2日目に転院することができました。

帝王切開後は歩いた方が傷口の治りも早いと聞き、翌日から車椅子ではなく、なるべく歩くように心がけ、3時間おきに搾乳して、赤ちゃんルームまで歩いて持って行きました。

辛くて……悲しくて……情けなくて……

あかりはずっと眠っています。看護師さんから「声をかけてあげてね。」と言われました。私が話しかけたり歌をうたったりすると、稀《まれ》に手や足が動くことがありました。

〝この子は生きている!〟と実感し、早くこの胸に抱っこしたくてたまらない、そんな日々が続きました。

あかりの姿を見ているだけで涙が止まらない……ほんの少し前まで私のお腹の中で元気に過ごしていたのに、なぜ?私は普通に赤ちゃんを産んであげることができない……情けない……出産の時どんなに苦しかったかがよみがえってきて辛くてたまらない……そんな日々を過ごしていました。

たくさんの管に繋がれて眠っているあかりの姿を見ていて一番心配だったのは、〝目が覚めた時に障がいが出ているのではないか……〟ということでした。

出生時に10分間の心肺停止ということは脳に酸素がいかない状態、それも母体から離れてすぐ酸素がいかなかったと考えると怖くなりました。

斎藤先生の保育ならなんとかなるかもしれないと思った私は主人に、「こばと保育園に相談してきて。」と頼みました。園長先生からは「退院したらすぐに連れておいで。」と言ってもらいました。私はこばと保育園と巡り合っていて、そして斎藤保育を知っていてよかったと、この時ほど感じたことはありませんでした。

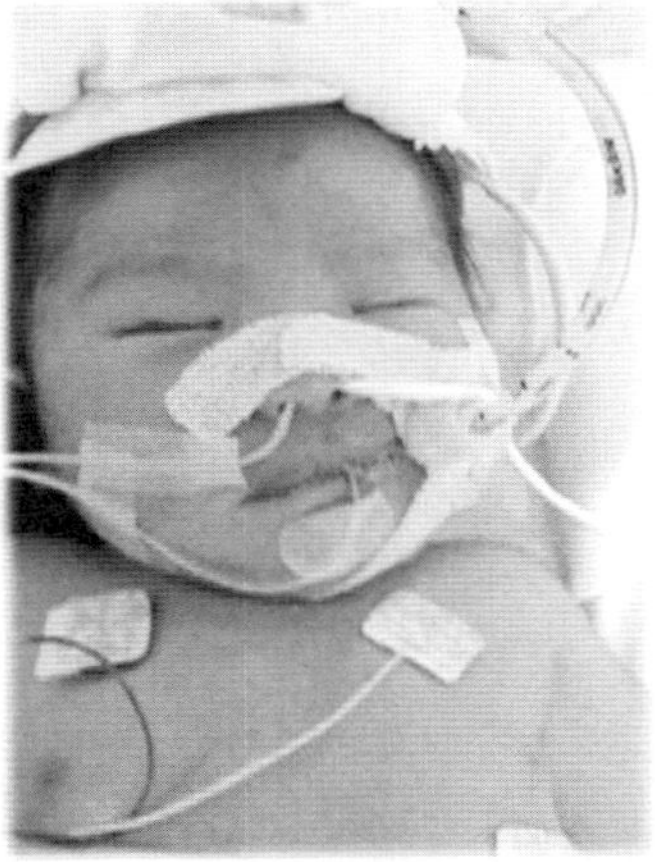

あかりのことはもちろん心配ですが、長男も小学校1年生になったのに母親が入学式にも行くことができず、字も何一つ分からないまま小学校生活がスタートし、不安だろうに何もしてあげられない……日に日に精神的に

落ち込んでいき、悲しくて涙が止まらない日が続きました。

微熱が続き、頑張って食べても食べても体重は減っていき、自力で尿も出せず足は象のようにむくみ、痔もひどい……もう家に帰りたい……精神がとても弱っている時期でした。

蘇《よみがえ》ったあかり

脳の低温治療2週間が経ち、あかりが眠りから覚めていきました。たくさんあった管も少しずつ減っていきました。看護師さんからの「お母さん抱っこしていいですよ。」と。こんなうれしい言葉はありませんでした。あかり自身はまだ意識があまりなかったと思いますが、私はあかりの温もりを肌で感じ、幸せでした。

あかりは目覚めてからは、搾乳していた母乳を管から飲むようになりました。あかりには何も変わった症状が出ていない様子でした。状態もよく、NICU（新生児集中治療室）から隣の部屋に移動しました。移動した先も滅菌室で、大変な赤ちゃんがたくさん入院していました。

あかりは目覚めてから、今まで泣けなかった分を取り戻すかのように、大きな声で泣き続けていました。ベッドもよく泣く子ども達の所に移動になり、私や主人がいる時は少し落ち着いているようですが、姿がなくなると、ひっくり返ったように泣きました。体も捻りながら・・・もう寝返りをしそうな勢いでした。

あかりに初めて直接、母乳をあげました。なかなかおっぱいを吸ってもらえず・・・私自身あまり母乳が出なくて、あかりも出ないおっぱいは吸いたくないのと、吸う力が無いのと両方だったと思います。だんだん母乳だけでは不足し始めていったので、粉ミルクも少し飲むようになり、混合になりました。

MRIの結果は

そして落ち着いた頃、脳の状態を確認するためにMRIを撮ることになりました。また、全身麻酔。結果は「とてもきれいな脳です」とのこと。本当に安心しました。私も入院から15日目には退院することができました。

あかりの入院生活も1か月が経ちました。これからも外来での定期的な発達フォローが必要とのことで、最初は退院1か月後、次からは半年に一度病院に行くことを約束し、退院することになりました。

わが家はあかりを迎え、賑やかな日常生活が戻ってきました。主人と長男は〝一安心〟と〝うれしさ〟で迎えてくれました。

＊退院後すぐに、あかりちゃんは母子通園を開始した。

［引用］
あの頃を振り返って　（こばと保育園前園長・城間清子《しろまきよこ》　2011年記）

あかりちゃんは現在4歳を過ぎていて、元気に保育園に通って来ています。当初6か月で入園する予定でしたが、10分間の心肺停止、アプガー指数0点での出生でしたので、産まれてすぐに、その育ちを心配したご両親から相談がありました。

こばと保育園は、認可外です。ですから、どんなに大変な子どもが入園してきても、国や県からの援助はありません。重い障がい児を受け取っても、保育料のみで運営し保育をしていかなければなりません。ですから、特別にその子に保育士をつけてあげることができないのです。

お母さんは仕事をしていたので、公立や法人の保育園に預けると、何らかの保育の補助が得られることも紹介しました。それでも、「少しでも多く発達の保障をしたいので、こばと保育園にお願いしたい」と申し出があり、色々と話し合った結果、母子通園で受け入れることにしました。

生後1か月で退院し、生後2か月を待たずに、お母さんの産休1年をめどに母子通園を始めました。

当時は、0歳児室に響きわたる泣き声で、登園・降園がわかるほど大変でした。お母さんには、斎藤先生の保育を一から学んでもらい、テレビやCD、ゲーム等のない生活、そして白米や白砂糖を使わないバランスのとれた食事や早寝早起きの生活習慣などを徹底してもらいました。さらに、目交《まなかい》、抱っこやマッサージの仕方を教えました。母親を私達保育士のようになるまで教え育てるのは、大変なことでした。

お母さんが、上手に抱っこをし、交目《まなかい》ができ、ハイハイの介助ができるようになり、子どもが泣かずにリズム遊びができるようになるまでに、1年半かかりました。そうして、お母さんはやっと仕事復帰ができました。

今では、定期的に通っていた病院で「もう、検査に来なくていいですよ」、とまで言われるようになりました。

ヘビースモーカーだったお父さんも煙草をやめ、母子通園が終わった今でも、父親か母親が、毎朝必ず、両生類のハイハイの介助をしてから仕事に行きます。そんな、見本のような両親に育ってくれて、私たちも大変嬉しく思っています。

ここのところ「DVD[6]を観ました」と彼女と同じような大変な生まれのお子さんを連れて、「引っ越してくるから預かってほしい」と、言ってくる人もいます。そのお子さんの月齢が低く、こちらの体制がよいときには、なるべく受け入れるようにしていますが、お断りすることが多く、とても心が痛みます。そのつど、「この保育で救われる子どもがたくさんいるのに……もっと多くの人がこの保育を知り、実践してくれたら……」と、願うばかりです。

私の園では、障がいをもつ子の成長を少しでも促すためにいろいろ学んで行くなかで、斎藤先生に出会いました。そして保育に〝斎藤公子のリズム遊び〟を取り入れるようにしたら、みるみる子どもが変化したのです。その子ばかりか、他の子どもたちまで、どんどん、しなやかな賢い子に変わりました。

それからは、斎藤先生から様々なことを学びながら、一人ひとりの子どもを丁寧に観察し保育する日々の連続で、あっという間に30年が経ちました。

〝交目《まなかい》〟〝金魚〟〝どんぐり〟〝ハイハイ〟、この4つの基本のリズム遊びは、すごい力を秘めた運動だと思うのです。

この運動を毎日行っているのに、子どもの成長に成果が現れなかったら、「自分たちは、基本に忠実に行っているか」を振り返り、常に原点に返ってみる必要があります。

リズム遊びだけではなく「お話はちゃんと聞けているか」「描画はどうか」「食事はどうか」など、保育園での子どもの様子をよく観て、家庭とよく連携することも大切です。

このリズム遊びは、〝すべての子どもたちに笑顔を〟と願い続けてきた、斎藤先生からの素晴らしい贈り物だと思っています。

＊保育の中では「両生類」「両生類のハイハイ」「両生類のようなハイハイ」など、様々な呼び方をされてきた、斎藤公子考案のハイハイですが、晩年の沖縄では先生はただ簡潔に「ハイハイ」とおっしゃっていました。ですからこの本では「ハイハイ」で統一することにしました。

抱っこ・・・まず第一に目が合うことが大事なんです

（＊ＣＤなどの機械音ではなく、お母さんの声や自然の音を聞かせてあげてください。）

目と目を合わせることを、日本の古い言葉で「目交《まなかい》」と言います。あかりのお母さんには、首を真っ直ぐにしても泣かなくなるまで、起きているときは毎日ひたすら抱っこしなさいと指導しました。あかりの場合、泣かないで目と目を見つめ合って抱っこできるようになるまでに半年かかりました。毎日ひたすら抱っこを続けてもらいました。

①両足をカエルのように自然に開かせ、お母さん（保育士さん）のお腹に当てます。

②そして赤ちゃんのお腹の裏側（腰）にお母さんの片手を当ててしっかりと安定させます。

③赤ちゃんが頭を動かしても危なくないように、もう片方の手を頸椎《けいつい》の辺りに添えて、背骨が緩やかなS字になるようにして正面に抱き目を合わせます。このとき、赤ちゃんの頭や体を固定するのではなく、自由に、自然にさせてあげてください。

④そして優しく名前を呼びかけたり、歌をうたいながら、ゆったりと背骨を揺すり脱力させます。

産まれてすぐの赤ちゃんでも目と目があうとニコっと微笑み、心地よいリズムの繰り返しのなかで完全に脱力して、ぐっすり眠ります。目が合いにくい赤ちゃんも根気よく続けるうちに、ほとんどの赤ちゃんは目が合うようになっていきます。

あかりの場合、お母さんが1時間くらい抱っこして、ようやく寝たなと思って布団に降ろすと、泣き出すのです。そしてまた抱っこ。その繰り返しで、やっと寝かしたと思っても15～30分でした。

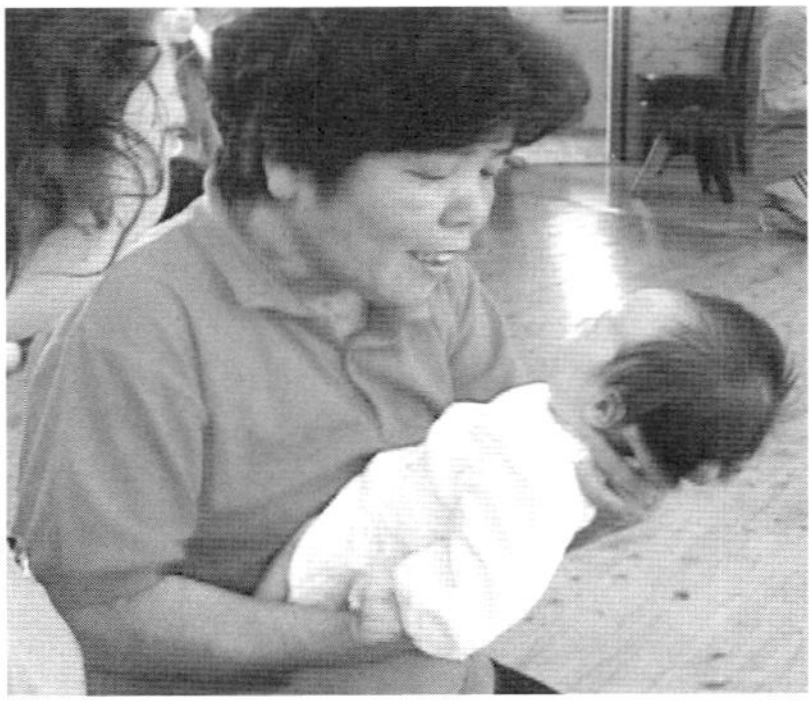

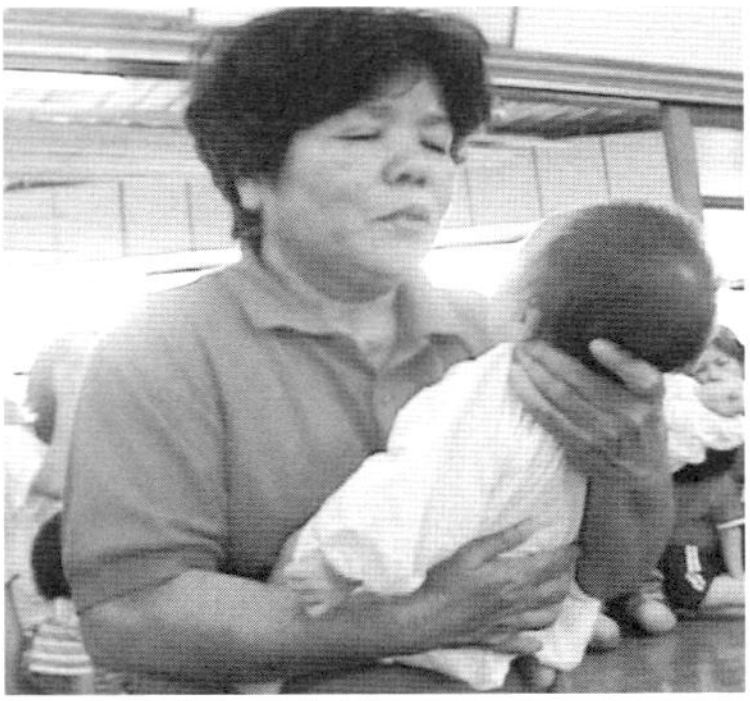

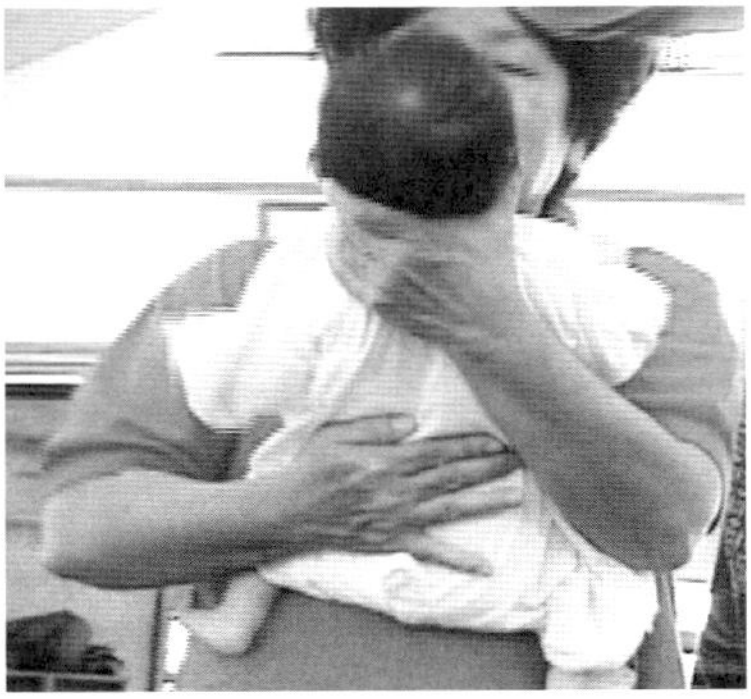

金魚・・・マッサージしながら手を開き、足の親指を立たせる

（＊「金魚のひるね」の歌をうたいながら、揺すってあげてください。）

背骨を魚のようにくねくねとくねらす運動です。仰向けに寝かせた赤ちゃんのお腹に手のひらを当て優しく揺すります。他にも、両手を赤ちゃんの左右の腰に添えて優しく揺する方法や、大人の膝の上に寝かせて膝をかすかに上下する振動を利用しながら揺らすなど、様々なやり方があります。このとき肘に手を当てて軽く揺すりながら腕を上へ伸ばして脱力させると、開きにくかった手のひらがパッと開きます。こうすることで言葉の発達を促すことができます。

首がすわったら、うつ伏せの姿勢でおヘソの裏側辺りに手のひらを当てて揺すります。その刺激で足の親指の先に反りが出て床を蹴る状態になります。その反射が自然に出るようになると、ハイハイをする準備が整うのです。あかりの場合はこれも本当に苦労しました。

お母さんは斎藤先生に「この子の足の親指がスッと立つようになるまで頑張りなさい。」と言われていたので、毎日頑張っていました。その間あかりはずーっと泣き続けていました。私も体調を崩してリハビリのためにこの基本の運動をしたときに、健康なときにはなかった凄い痛みを伴いました。そのときに「あかりもきっと身体中が痛くて泣いていたのかもしれない」と気がつきました。泣かなくなったら回復してきている証拠です。

首の座りが弱い子には、わきの下にロール状に巻いたバスタオルを当てたり、足の親指の反りが出にくい子には、ボイタ博士(7)のツボを刺激したりします。

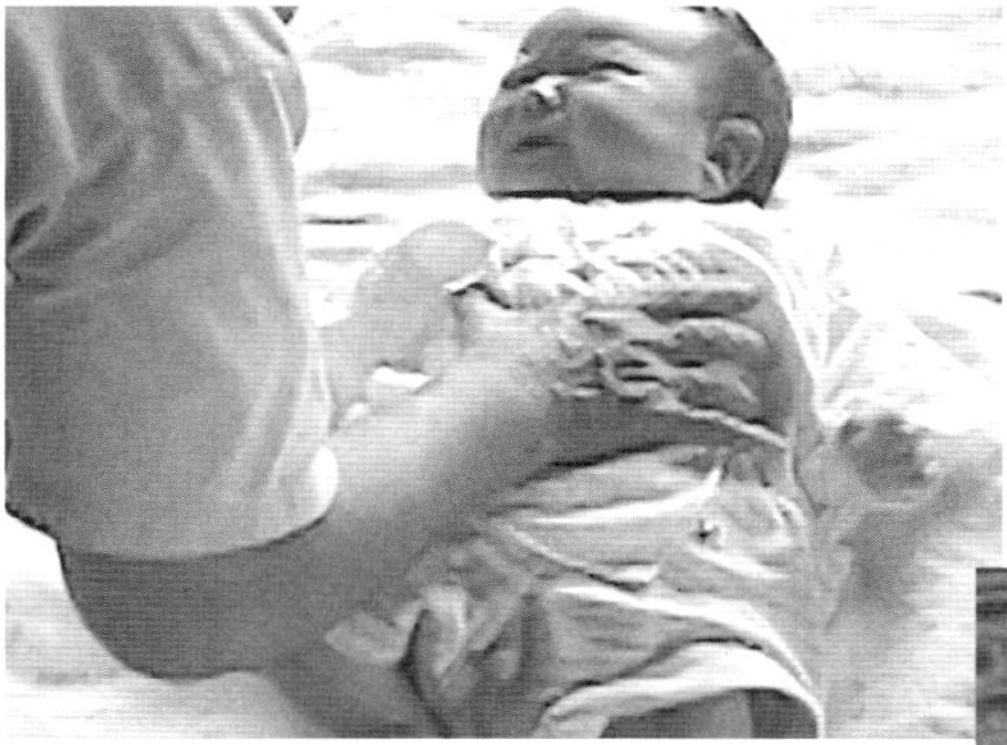

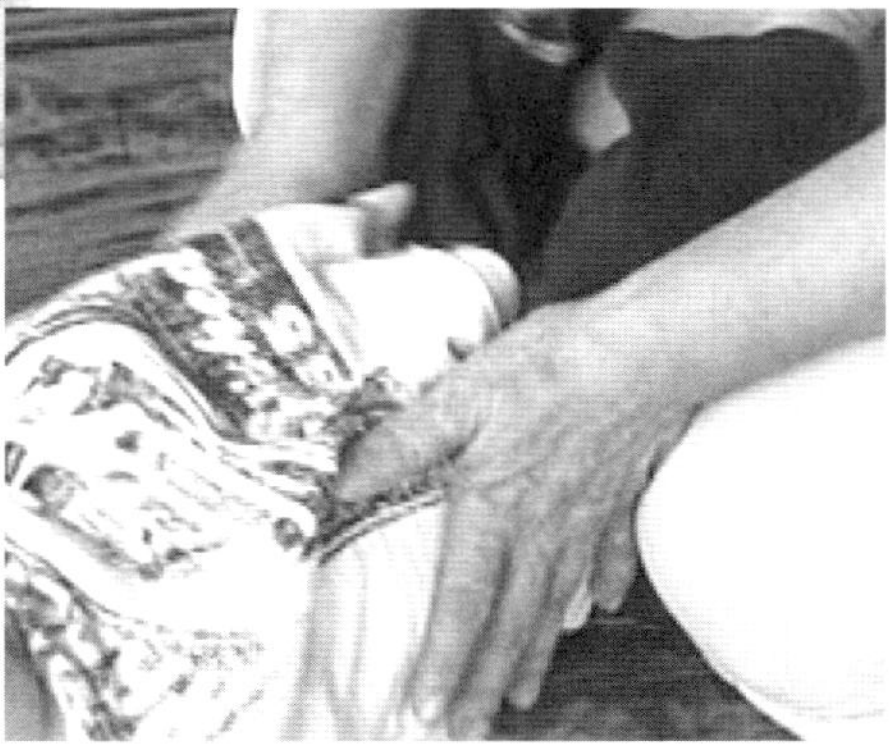

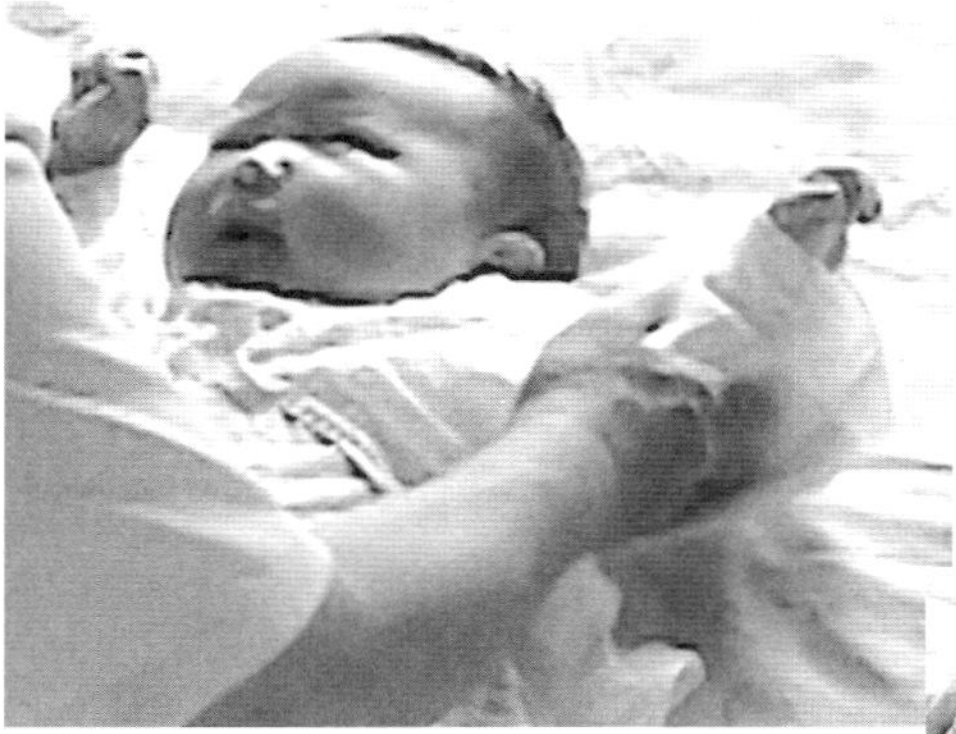

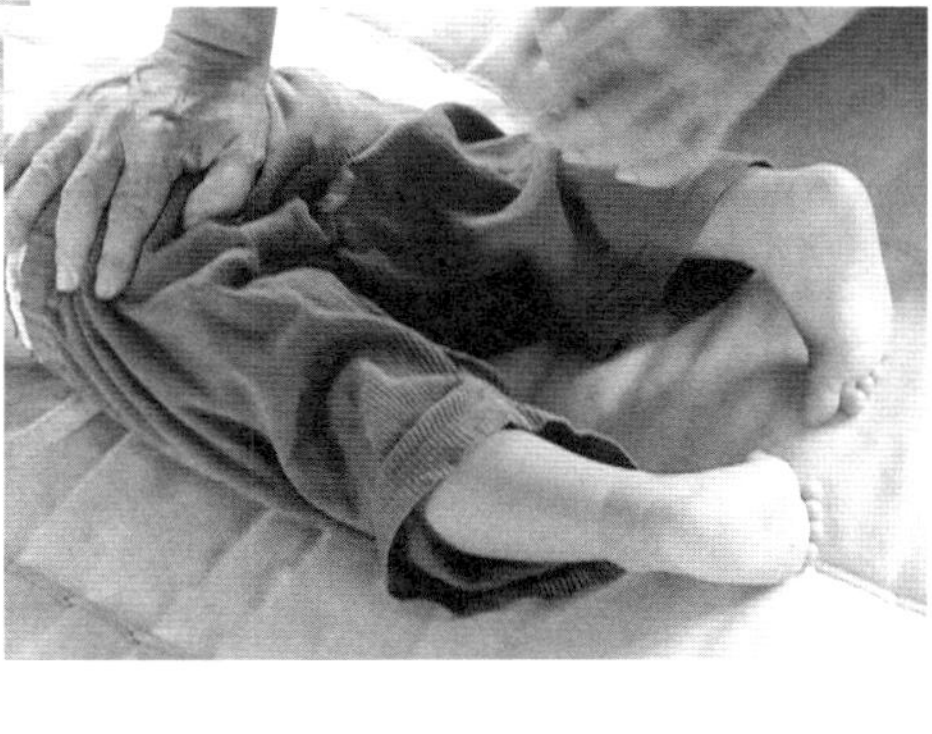

どんぐり・・・寝返りの運動です

（＊「どんぐり」の歌をうたいながら、行ってあげてください。）

腰から捻《ひね》って足の親指で床を蹴って寝返りさせます。ひ弱な子は腰からではなく肩から寝返りしてしまうので、気をつけなくてはいけません。必ず左右交互に行います。寝返る時には、危なくないように両腕を上げて寝返りさせせましょう。

①膝の裏に手を当て軽く上にあげながら、膝頭をお腹につけるように曲げる。
②自然に親指が動くまで待つ。
③反対の足が一緒に上がらないように軽く抑え、、曲げた方の足を交差して親指を床に付けます。
④床に付けた親指で床を蹴るように、腰を押しながら体をゆっくり捻っていき、
⑤ギリギリまで腰を大きく捻《ひね》って、肩や首は最後に自然についていくような寝返りをさせます。
⑥うつ伏せになった時、首の座りが弱い場合はすぐに、脇にロール状に巻いたバスタオルを当てて呼吸が苦しくならないように気をつけて下さい。

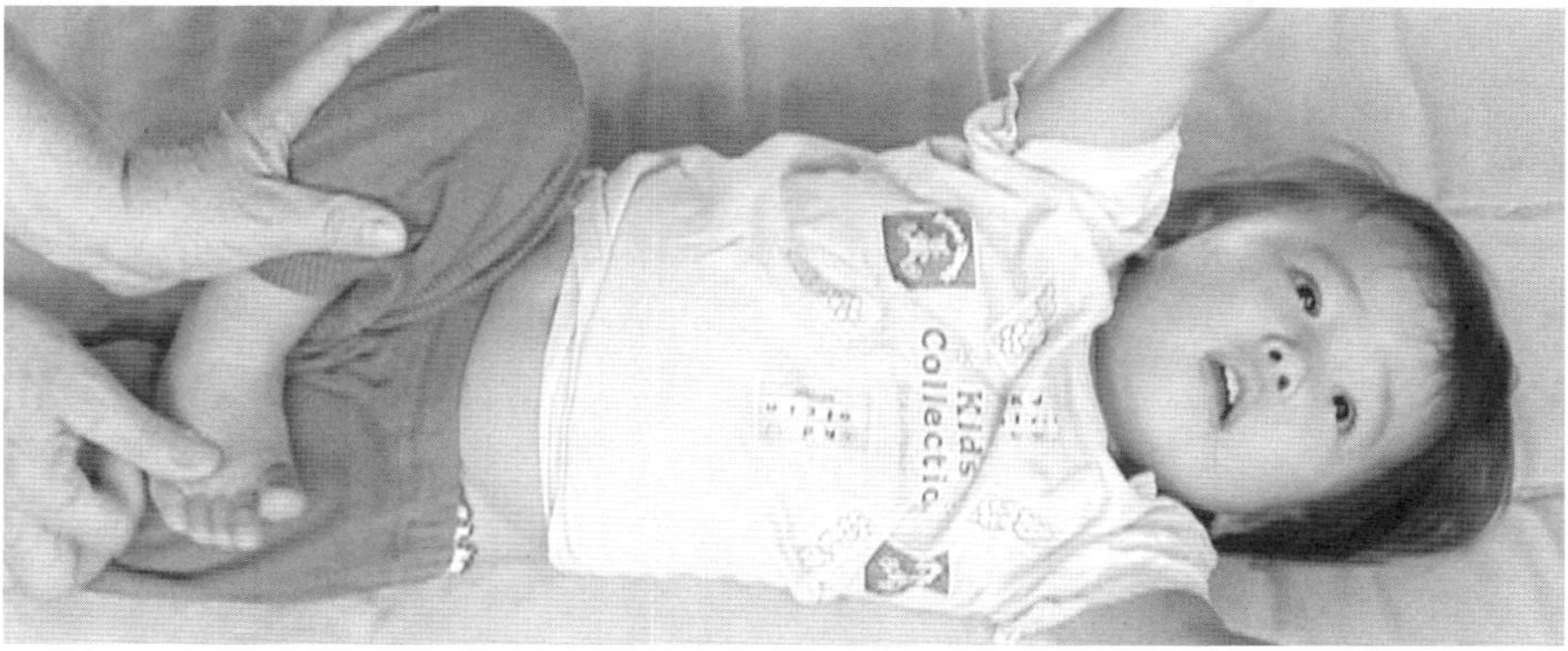

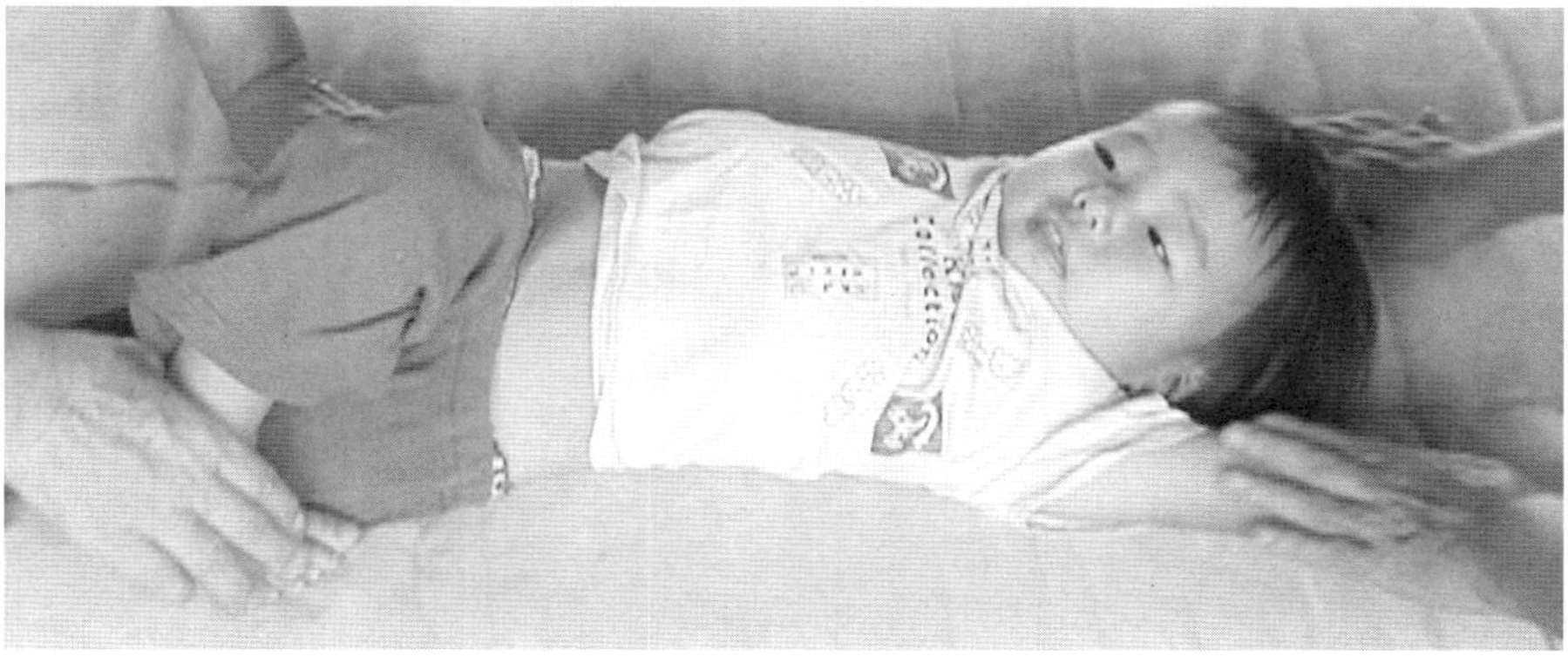

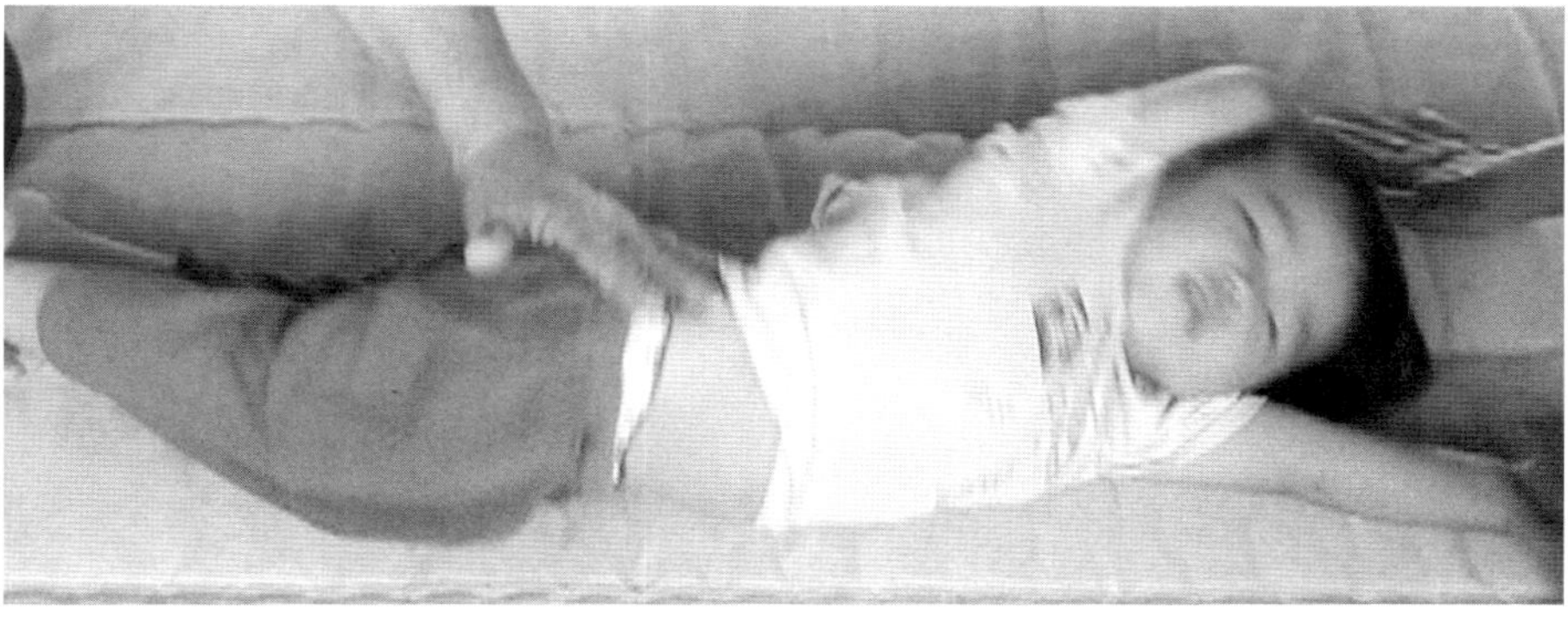

ハイハイ・・・これが一番大事な運動

（＊「両生類のハイハイ」のメロディーを口ずさみながら行うと楽しくできます。）

お腹を床につけて足の親指の蹴りだけで前へ進むハイハイです。弱さの克服はこのハイハイをいかに丁寧にやり続けるかにかかっていると言っても過言ではありません。

ハイハイで前進できるようになるのは7〜8か月の頃です。胸からお腹を床に付けたまま、前に出す手と同時に、同じ側の足で床を蹴ると、背骨を大きくくねらせて進むサンショウウオのような動きになります。立つ前にどれだけこの運動をやったかどうかが、運動能力の基礎になります。

発達に障がいがある子どもは、すぐにお尻を上げて高バイをしようとしたり、つかまり立ちをしようとして、このハイハイをしたがりません。ですから前後に大人が付いて声をかけたり歌をうたったりしながら、楽しくできるように介助してあげて下さい。

足の親指だけでなく、手指の開きも重要です。両方の手のひらをきれいに開いて床のうえを自然に滑らせるように介助します。

母子通園のお母さんたちが、嫌がる子どもにどこまで付き添って介助できるか、この運動が一番苦労するところではないでしょうか。「子どもの成長を願うのなら、大事な運動は、泣いてもやるのよ」という斎藤先生の言葉を伝えながら、私たちも一緒に頑張っています。あかりの場合は生まれが大変だったので、足の親指の蹴りや手の開きも弱く、このハイハイをとても嫌がりました。泣かないでできるようになるまで1年半かかりました。

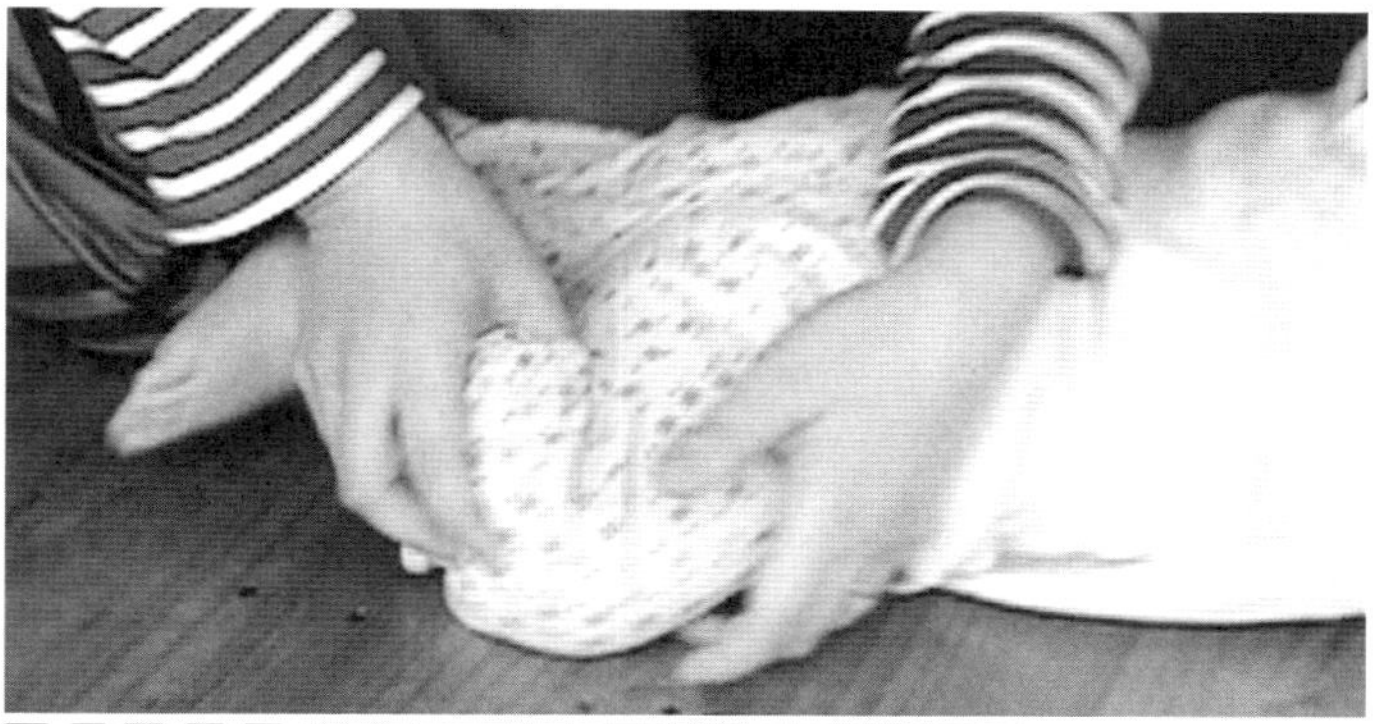
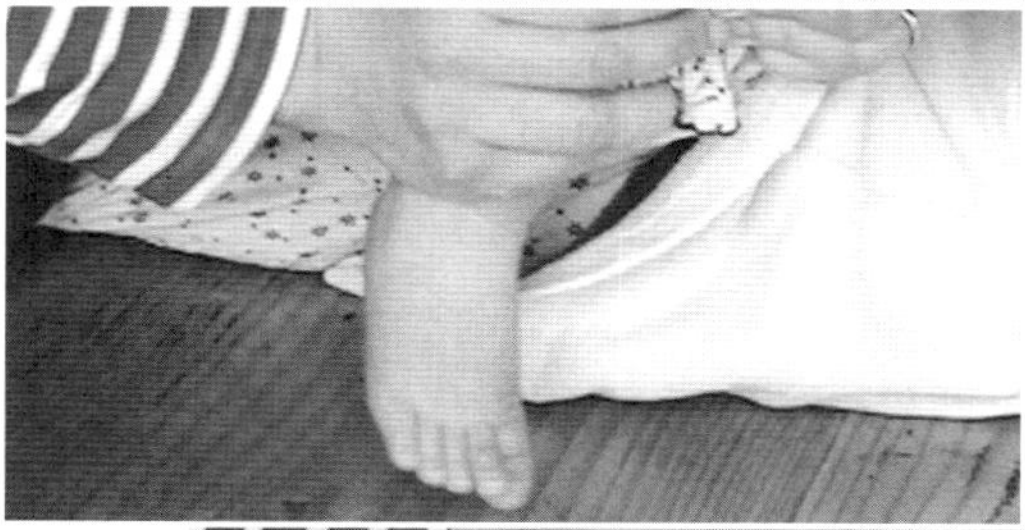
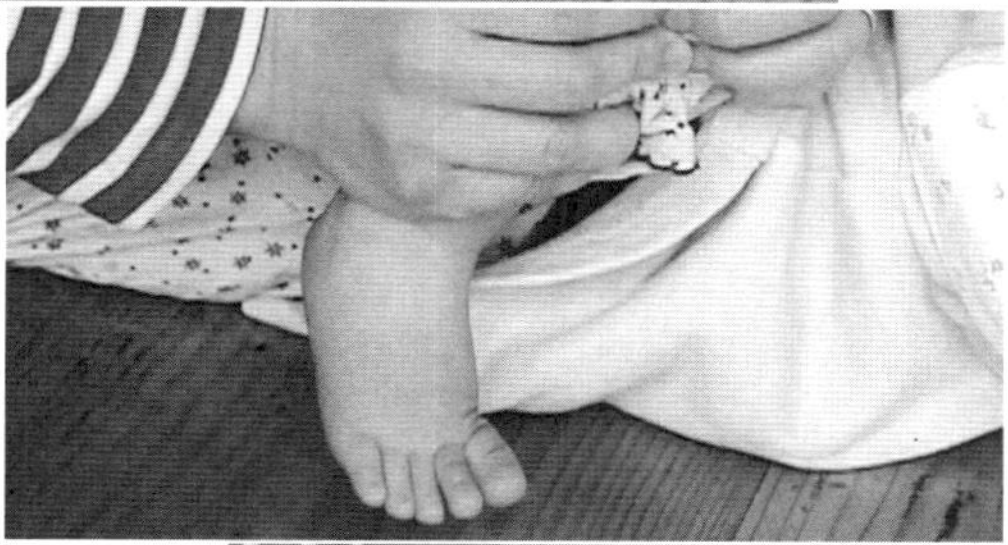
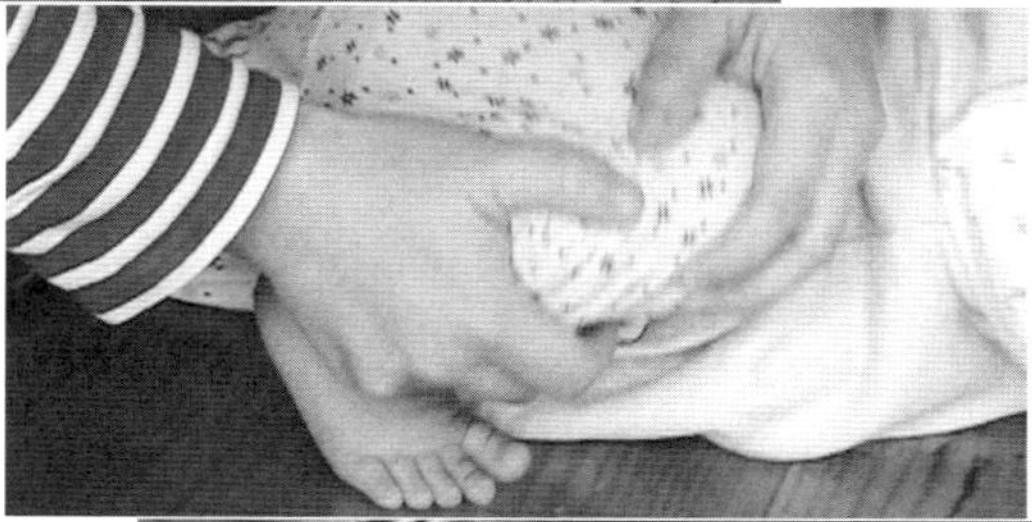
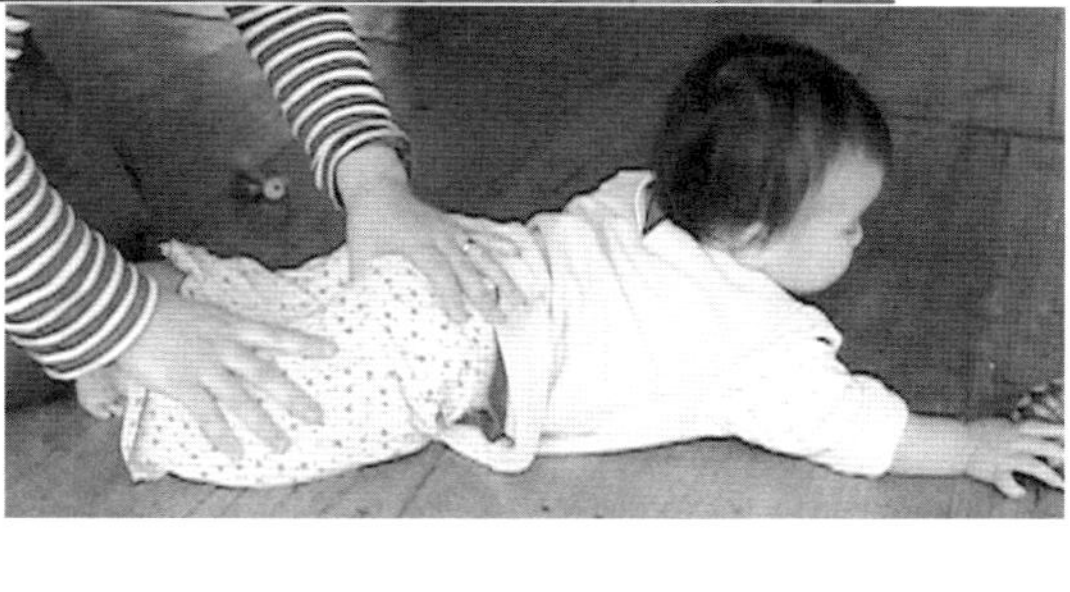

ロールマット・・・体に合わせたマットの上で全身を脱力させます

首がすわったら行う運動で、全身の血流をよくし、緊張を解き、手のひらの開きと腕の力をつける運動です。

手を付いてくるりと前転させるのは熟練した保育士さんでないと危険ですが、小さいうちはマットの上で全身を金魚運動の要領でマッサージするだけでも十分です。マットの緩やかなカーブが背骨を伸ばして脱力することを助けてくれます。

お家で行うときは、敷布団をロール状に巻いたり、お父さんに背中を丸めてうずくまってもらったり、大人の膝を立ててマットの代わりにしても楽しくマッサージできます。

あかりはマットの上にうつ伏せに乗せたとたんに大泣きしていました。仰向けにしたら尚一層泣いていましたね。きっと苦しかったのでしょうね。

金魚、どんぐり、ハイハイ……ひたすら泣き続けていました。あかりの場合は、これらが泣かないでできるようになるまでに、0歳から2歳まで丸3年かかりました。

これらの基本の運動ができるようになってくると、次の課題は、〝斜面の登り下り〟が泣かないでできるようになることなのです。

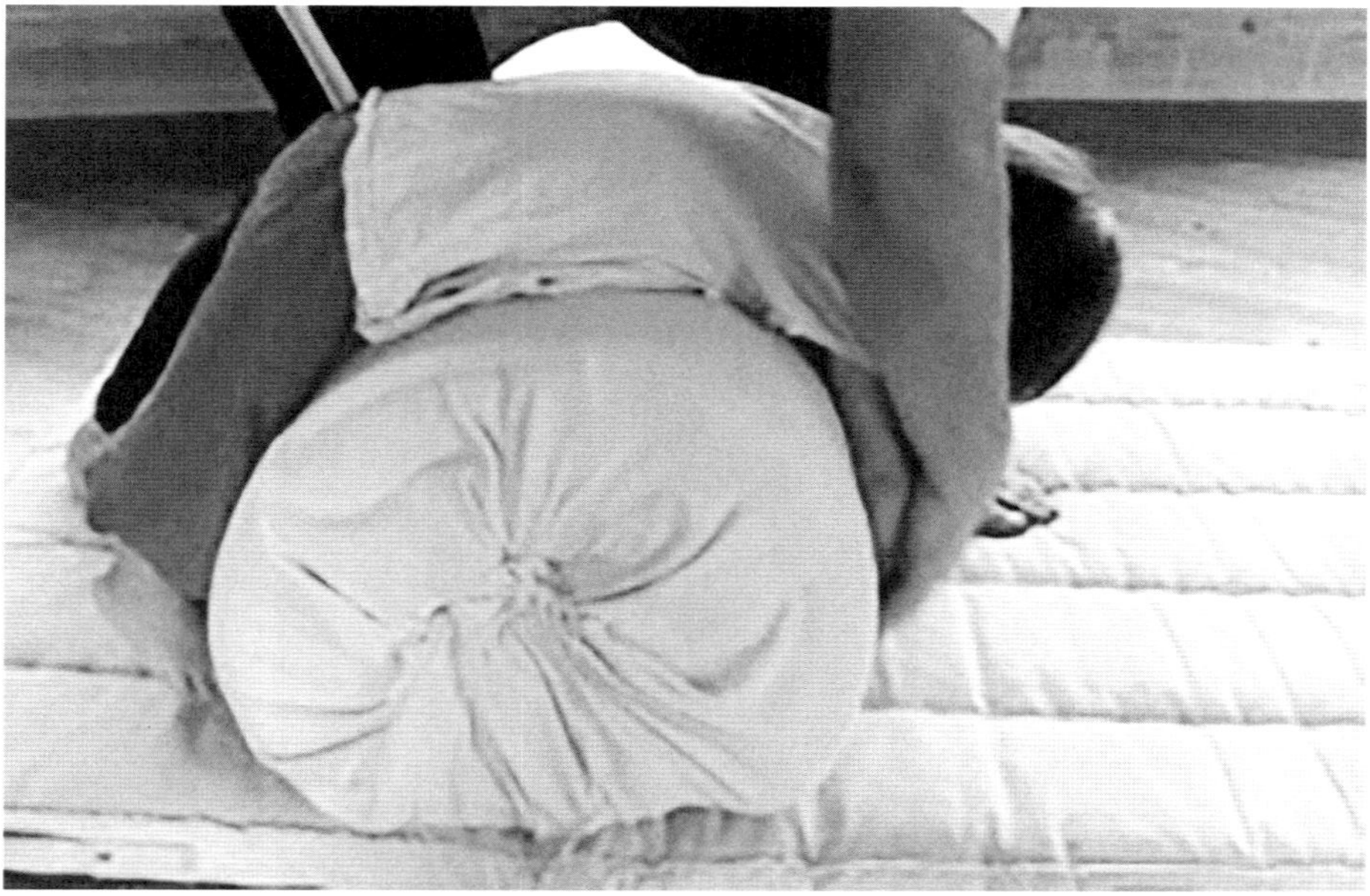

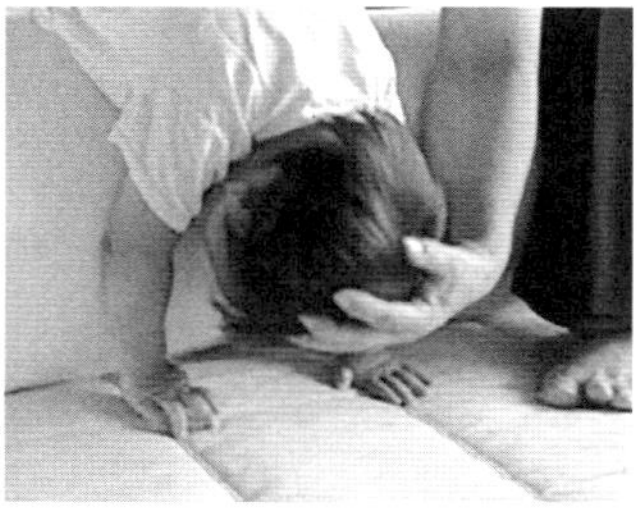

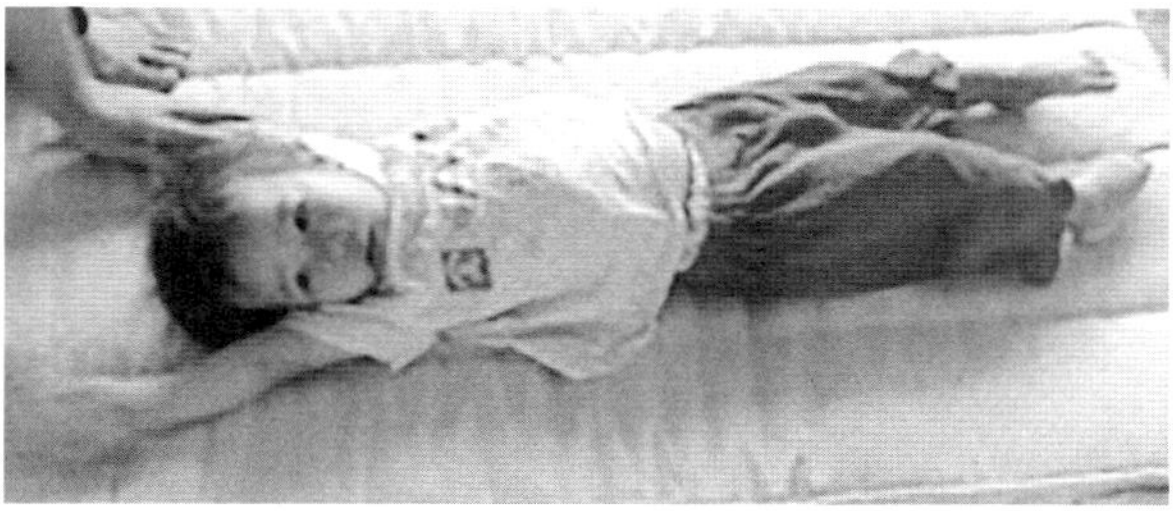

こばと保育園の生活　卒園式を終えて

あかりの母

あかりが卒園しました。
凛《りん》とした清々《すがすが》しい姿で、卒園証書を受け取りました。
そして、自信に満ちあふれた姿でリズムを行いました。
さすが、人よりも何倍・何十倍もたくさんした、ハイハイは、とても上手でした。

あかりの卒園、長い保育園生活、この姿を見たら、本当にあきらめないでよかったと心から感じました。この、こばと保育園と出会えたこと。斎藤先生に出会えたこと。斎藤公子の保育を学べたこと。感謝でいっぱいです。

こばとは、親を褒めません。いつも厳しく叱ってくれます。このことが、私自身を人として親として成長させてくれました。あかり以上に私の方が成長できたのではないかと思います。あかりが生まれたこと、そしてこばとでの母子通園をやり終えたこと、それを通して、私自身、今まで何に対してもどれほど甘えて生きてきたか、ということに気がつきました。子どものために……親が変わらなければ子どもも変われないこと……身をもって学ばせていただきました。

そして、あかりとの母子通園を終えた時、初めて褒めてもらいました。本当に嬉しかった。本当の意味で、人の優しさを受けることができたのだと、日を追うごとに感じます。

母子通園の頃は、何も分からず、愚痴《ぐち》も多く、なぜここまで私はしないといけないのか、こんな小さな子にここまでしてよいのか、自身の中で問い詰める日々。でも、あかりのためだ！と自分に言い聞かせ、心を鬼にして頑張った毎日。

今、振り返ればこばとの先生方の愛情が、あかりに障がいもなく育って欲しいと思う、私よりも強い思いが、あかりを育て、私を変えさせてくれたとわかります。

そして、こばと保育園に通い、ともに斎藤公子の保育を学んだ親達に感謝です。私がくじけそうになった時に相談に乗って励ましてくれました。母子通園大変でしょと、あかりのお弁当袋を作ってくれたお母さんもいました。

わが子だけでなく、みんなの成長を見守る素敵な親集団です。

あの生死を彷徨《さまよ》い生まれ、どうやって育てたらよいかわからない不安のなか、もし、こばと保育園を知らずに、あかりを育てていたら……考えると怖いです。

子どもの全面発達を目指し、豊かな心と優しさを育《はぐく》み、そしてどの子も育つ保育。

こばと保育園に感謝・感謝・感謝です。

斎藤公子の保育は、どんな時代でも、子どもの成長・発達にとって大事な保育だと思います。生物の進化の過程から学び、自然の豊かさを子ども達が感じ、労働の大切さを知り、リズム遊びで脳神経への働きが活発になり、全面発達してゆく。

また、素晴らしい文化に触れさせ、心豊かな絵本を読んでもらい、ピアノが流れ、子ども達は動き、素敵な歌をうたい……この中で、小さな子ども達は、自立し、自分で考え、最後までやり抜く力を養って行きます。

今、とても賑やかで忙《せわ》しない世の中、せめてこの乳児期から就学前まで、あとあとよくなることを信じて、このゆったりとした環境の中で過ごさせてあげたら……子ども達は、自信に満ち溢れた子に育ち、そして、明るい未来につながって行くのではないかと思います。

こんな素敵な保育に関われて幸せです。

本当にありがとうございました。

２０１４年３月

卒園証書を手に歌をうたう、２０１３年度卒園生たち。

神様からの贈りもの

染色体異常（8番トリソミーモザイク）の葵ちゃん

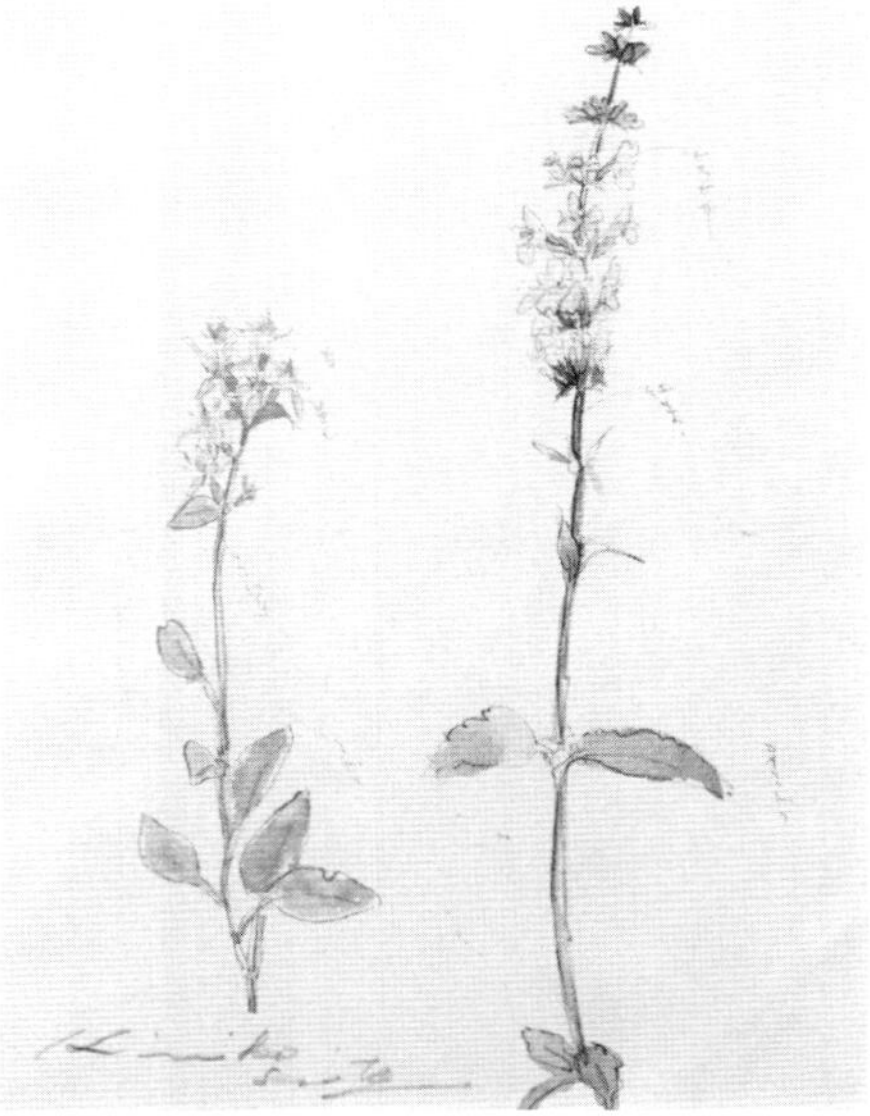

斎藤公子のスケッチ

母34歳（障害者施設事務員・鍼灸師）
妊娠7か月まで勤務
第三子（3歳上の姉ユウナと双子の姉サクラ）
2013年12月23日生まれ
体重2312g、身長48・5㎝
アプガースコア1／7点
妊娠期間34週0日
緊急帝王切開
4か月から3年間母子通園（入院での欠席も有り）

＊子どもの名前は仮名です。

双子ちゃんがお腹に

（葵の母　記）

34歳の時に待望の第二子を授かりました。「やった！」と喜んでいると、その次の検診で双子であることが分かりました。一気に二人も家族が増えるとみんなで喜んでいました。

妊娠6か月に入りエコーの診察の時に、「双子の一人の腎臓に少し水のようなものが見えるけれども、赤ちゃんにはよくあることだからあまり気にしないでね。」と言われて、楽天的に過ごしていました。

その後、総合病院へ転院しました。

妊娠7か月の検診の日に、胎児の腎臓の水が以前よりも増えていること、脳に水が溜まってきていること、肺に水の様なものが見え、胎児を取り巻く羊水の量が増えてきていることから、先生に「いつお腹の中で成長が止まってもおかしくない状態なので、直ぐにこのまま入院をするように。」と言われました。でも、長女の保育園のお迎えもあるし、仕事もあり、直ぐに入院することはできないと伝えると、「それでは週明けに入院。もしその間にお腹の動きが止まるようなことがあればすぐにきてください。」と言われました。

帰りに支払いのために会計で並んでいると、診察室にいた看護師さんが深刻そうな顔をして斜め後ろに立っていました。「一緒に頑張りましょうね！」と言われて、とても驚いたのを覚えています。

1日でも長くお腹の中で

翌週から2か月の管理入院が始まりました。わが子の心臓がいつ止まるかも分からないので、はじめは不安な日々が続きました。病院では、インターネットが繋《つな》がらない環境なので、調べられるものがありませんでした。そのおかげで昼夜規則正しく過ごせたと思います。

幸いなことに、葵の頭の中の空間も肺の空間も拡《ひろ》がることが止まりました。先生にはお腹の動きが止まったらいつでもナースコールを押してと言われていたので、一日、一日、３人で過ごせる時間がとても大切でした。毎日寝る前にお腹の子ども達に、「今日も3人で過ごせたね、明日も頑張ろうね。」と温かい気持ちで声を掛けていました。

体重も20キロくらい増えてしまった私のお腹の中は羊水過多で、子ども達のお部屋は別々だったのですが、ほとんどのスペースは葵が占領していて、豊富な羊水の中で毎日位置が変わり、尋常じゃないほど動き回っていました。サクラは下の方へ追いやられて身動き取れない感じでした。先生には、「1人の子の心臓が止まったら、せめて2人目は元気に取り出せるように万全な対策をとりますからね。」と言われていました。

何とか妊娠8か月に入り、「2人とも医療的な措置が必要になるだろうから、できるだけお腹の中で育てていきましょう。」と、先生のコメントが変わった時には、太陽の光が心に差したような気持ちになり、「どんなことがあっても、子ども達ができるだけお腹の中に長くいられるように頑張ろう」と思いました。

緊急帝王切開

入院して2か月が経ち、いよいよ計画出産の予定日前日のことでした。美味しそうなブルーベリーを一粒かじったその瞬間に、急に子宮が収縮して何か生温かいものが出たような変な感じがしました。直ぐにトイレに行くと、大量に出血していました。「これは、大変なことになった」と思い、気持ちを落ち着かせて部屋に戻り、ナースコールを押しました。駆けつけた看護師さんに、「ここからは私達の仕事だから何も心配しないで。」と、腕を抱えられて診察室に向かいました。

私のお腹は病院の入院着では入りきらないくらい大きくなっていました。でもそれが知られると直ぐに帝王切開になるのではないかと思って、1日でも長くお腹の中で育って欲しかった私は、とても大きなパジャマを家から持ってきて何とかごまかしていました。

だから看護師さん達の中にも、このとき診察台の上で初めて私の大きなお腹を見た方もいて、「こんな大きなお腹で今まで陣痛が起こらなかったのが不思議!」と驚かれました。幸いなことに胎盤剥離《たいばんはくり》はなかったのですが、出血の量が多かったので緊急帝王切開が決まりました。そこから出産まではあっという間でした。

まずサクラの産声がオギャーと聞こえました。葵は、生まれた後オギャーと大きな声で泣いて、直ぐに泣き声が聞こえなくなりました。小児科の先生が1分間心臓マッサージと処置をして、何とか一命を取り留めました。サクラ2092グラム、葵2312グラム、羊水5リットル。

翌日、数名のドクターが私の病室にやってきて葵の病状を説明して下さいました。

葵のMRIを撮ったところ、本来脳があるべき場所に脳が見つからなかったこと、脳室が拡大している可能性があること、腎臓にたくさんのお水が溜まっていること。まずは横隔膜の穴を塞ぐ緊急手術をするために、早急に転院しなければならないことを告げられました。

私は、生まれたばかりなのにMRIの機械に入り、明日には一人で転院するわが子のことを思うと胸が締めつけられました。そして、「脳がなかった」という言葉がとても重くのしかかりました。

大学病院へ転院して手術を受ける

翌日転院となった葵を見送るとき、撫《な》でても全く反応がない様子に、私は呆然と送り出しました。生後3日目の12月25日に横隔膜ヘルニアの手術を受けました。手術のついでに盲腸も取ったと聞いて手術が無事に終わり安心したのと同時に、産まれてから間もない赤ちゃんに大きな手術を受けさせてしまったことがかわいそうで、ショックで、わが子を励ますこともできない私はたくさん泣きました。

担当医の勧めもあり、2日ほど経ってから見舞いました。葵はサングラスをして、たくさんのチューブや点滴がつけられていて、お腹にはガーゼを当てて寝ていました。これまで元気な赤ちゃんしか見たことがなかったので、手術後に会った時にはとってもショックが大きかったです。何度も「丈夫に産んであげられなくてゴメンね。」「こんなに痛い思いをさせてゴメンね。」と泣いて、何が悪かったんだろうと、自分を責めて涙がいっぱい溢《あふ》れてきました。

葵は、生まれた時に産声をあげた瞬間に横隔膜の穴から内臓が飛び出したのですが、もしも穴が左に空いていれば死んでいただろうと言われました。また、飛びでるタイミングがもっと早ければ肺の形がいびつになり、長生きは難しかっただろうとも。それを聞いて、この子はとても生命力に溢《あふ》れた子なんだなと思いました。

その後、娘2人は同じ大学病院へ転院することになりました。退院した私は自宅から病院へ母乳を届ける日々が始まりました。日中は産後直ぐから車の運転をして、役所や保健所の手続きもあり、昼も夜も搾乳して、毎日フラフラでした。

主治医からの話

年が明け、そろそろ退院できるかなと考えていたときのことでした。

「横隔膜ヘルニア手術をしたものの酸素の数値がよくなく、心臓を検査したところ、本来産まれてから閉じるべき心臓の穴が閉じていないことが分かりました。心臓にたくさん穴が空いているので詳しい検査や手術をするためには心臓の専門の病院に転院が必要になります。更に全身に血液を巡らせる血管が細くなっているので、このままだと下半身に血液が巡らずに内臓が壊死する可能性があるので血管の手術も必要と思われます。他にも合併症が多いため染色体検査を受けてください。数々の手術をした方がよいのか、それともこの子の命を全《まっと》うした方がよいのか、染色体検査の結果を待ってからご夫婦でよく考えて下さい。」と言われました。

その時の医療のガイドラインの中に10番以下の染色体異常の場合、手術など積極的な治療をせず、その子の持って生まれた命を全うさせるという選択肢があると説明を受けました。

1月20日には、サクラが退院できることになりました。

その頃、二人が大変な状況で産まれたことが園長に伝わり、「一度二人を連れて保育園に来てみたら」と声をかけてくださいましたが、検査などに追われ返事ができないまま過ぎました。

8番トリソミーモザイク

1月25日に染色体検査の結果がわかりました。葵の病気は8番トリソミーモザイクでした。五万人に一人の確率で偶発的に生まれてくるそうです。中には正常な分娩で生まれる子どもたちもいますが、葵の場合は8番トリソミーの割合が多かったために合併症が多く、水頭症の疑いもあり、脳梗塞の痕も見られました。動脈管開存症、大動脈狭窄症、心室中隔欠損症、水腎症（4度）の手術が必要になる可能性、片方の腎臓が機能していないため摘出手術が必要になること、将来的には白血病になる可能性もあることを説明されました。

親の決断

まずは心臓の手術をするかどうか決断する、親の責任が一気にのしかかってきました。ですが、のんびり考える時間もありません。夫はこの子を救ってやりたいと決めているようでした。

私はそれまで健康に恵まれていたので「生きること」について深く考えることがありませんでした。自らの意思で食べること、話すこともできないことが幸せといえるのか、またその逆でそれができないことで不幸だというのだろうか。これからも通院や手術が続き痛い苦しい思いをするのだろうか。障がいがあることで嫌われることはないだろうか。わが子が誰かを愛し、愛されることがあるのだろうか。一つ一つ、この子の大変な生まれを思った時に涙がぽろぽろと落ちてきました。短い時間でしたが、夫と話し合いました。夫は、「この子は私たちが精いっぱい愛そう、そしてわが子はきっと親や家族を愛してくれるはずだ」そう言いました。

その言葉に後押しされて私たちは手術をすることを決めました。

本当にこれでよかったのか……

1月30日に心臓専門の病院へ転院が決まり、手術の日程も決まりました。転院してから心臓の造影検査もして、とても苦しそうな様子を見て本当にこれでよかったのか?と考える日が続きました。

今から二十年程前には沖縄には、心臓の手術ができる病院がなくて、子どもたちは東京や大阪や福岡の病院へ行くこともあったと聞きました。中には東京に行くまでに亡くなってしまう子もいたそうです。今では多くの方々の努力により沖縄で普通に心臓の手術が受けられ、医療の恩恵を受けられる時代になりました。葵も手術ができる時代に生まれ、命を繋いでいくことができることはとてもありがたいことなのだと思いました。

葵は心臓から出ている大動脈が細くて力が無く、全身を巡るはずの血液が小腸までしか届きません。まずその細い大動脈を途中で切って太い血管とつなぐ手術をし、それが落ち着いてから、心臓にたくさん空いている穴を塞ぐ手術をすることになりました。

手術をすることに、はじめは葛藤があったものの、私達はそれを乗り越えて3月20日に退院し、葵は生まれてから約3か月後に、初めて家に帰る事ができました。

空気清浄機の部屋から脱出

その間にも園長先生からは「一度連れてきたら?」と何度か声をかけてもらっていました。でも主治医の先生からは「外気に触れさせないで出来るだけお家の中で育てなさい。」と言われていたので、家では空気清浄機をかけてその中で子どもを寝かせていました。

長女のクラスに、低体重で生まれ、小さな脳出血が見つかった男の子がいました。その子のお母さんは、こばと保育で縦抱きの抱っこ(交目《まなかい》)をし、マッサージしてわが子を元気に育てていました。ある日その先輩ママさんがわざわざ家まで訪ねてきてくれました。

「赤ちゃんの手がぐっと握ったまま開かない状態から、丁寧にマッサージしていると、一瞬だけ脱力して、手がパッと開くようになるの。そのマッサージを1日に何回も行うんだよ、それで脳に刺激がいくからね。家にいる間に何度も何度もやってみてね。こばとの保育はどんな障がいを持った子も育つ、素晴らしい保育だよ、きっと力になってくれると思うよ」と話してくれました。

　私は長女がこばと保育園の2歳児クラスに入園して間もなく妊娠し、つわりがとてもひどかったので勉強会にはほとんど参加できていませんでした。ですから、まだ斎藤公子の保育実践の本当の素晴らしさも知らない状態でした。4月になって病状が落ち着いたころ、意を決して双子の子どもたちをこばと保育園に連れていきました。

生まれて初めて瞳の奥が輝いた

　チューブのついている葵は、表情が乏《とぼ》しく、ミルク量の制限もあり、抱っこしていても赤ちゃん特有の丸みがなくゴツゴツしています。私も体力が落ちてしまい2人を外に連れ出すのもやっとの状況でした。園に着くと、先生達がこの小さな赤ちゃんを優しく抱っこして下さり、目を合わせて、ささやくように優しい声でたくさんの語りかけやお歌をうたってくれました。その度に、葵の目の奥がキラキラと輝くのが分かりました。そしてマッサージの後には、顔にほんのりと赤みがさしていました。生まれてからこんなに生き生きした、葵を見たのは初めてでした。

私を目覚めさせてくれた園長の一言

その時の私は、とにかく長女と次女を健やかに育てて、葵は心臓の手術が終わるまでは家の中で育て、その後は役場や保健所にも足を運び、この子の能力に合った福祉サービスに通わせようと考えていました。

けれども「葵ちゃんのことをお母さんがしなくて、他の誰がするんですか」と、園長から静かで祈りの込められた、芯の通った言葉をいただいたときに、私の中の「不自由に生まれたわが子にできる限りのことをしてあげたいと思っている心」、「この子がどんな子であってもわが子の成長を願っている心」と繫がったのです。その瞬間、「この子のためにできることがあるんですか」と思わず聞き返していました。

そして、こんな生まれなのに、なぜ早くから保育園に通う必要があるのか質問をしました。園長は、脳神経は早いほど可塑性《かそせい》が高いこと、小さいうちからとにかくたくさんマッサージをすることの大切さ、子どもの成長はあっという間で直ぐに大きくなる、そうなると2人がかりでないとマッサージができなくなる、他にも色々あるけど、早くからたくさん手をかけてあげることが大事だと教えてくださいました。

帰ってから夫に、保育園で見た葵の表情や顔色の変化について話ました。

夫は「こばと保育園以外に3人が育つ場所はない」と言って、この保育園以外の入園は考えていませんでした。当面の間、私の仕事は休職させてもらう手続きをして、子どもたちと4人でこばと保育園に通うことになりました。

頑張っていた長女ユウナ

5月から数週間を経て、母子通園が始まりました。

いざ、始まったものの3か月も私が家に帰っていなかったので、長女ユウナ（3歳児クラス）が荒れてしまっていて、葵の母子通園どころではありませんでした。私達のいる赤ちゃんのクラスに来てずっと大泣きしています。0歳組の先生が「ユウナちゃんとお散歩しておいで」と声をかけてくれますが、大泣きしているユウナを見るとワジワジワジイ～（＊沖縄の言葉でイライラする、というような意味）することもありました。私は、「サクラも葵も家族みんなが頑張っているのに、わがままばかり言うユウナを見るとイライラする。」と言いました。すると先生は一瞬寂しそうな表情をしていました。それから、「お母さん、そんなこと言わないで、ユウナちゃんは頑張っているからね。」と励ましてくれました。

こばと保育園の自然いっぱいの環境、おいしい空気と食事、元気に走り回る子ども達の声、そんな環境に身をおいていると張りつめていた私の心もだんだんと落ち着いて癒《いや》されていきました。

先生方には何度も励まされて、「いまは先にユウナを育てなさい」と教えられました。親が苦しいと子どもはちゃんと分かっています。娘も同じように苦しかった。そんなときに気づいてあげられない、支えてあげられない未熟な母親に、保育園の先生方は寄り添い、心にゆとりができるまで励ましてくれました。
うちの家族はみんな頑張っていました。そしてみんな踏ん張れました。

寝る暇がない

母子通園が始まった頃、葵は3時間おきに40分の時間をかけ、栄養チューブを使ってミルクを胃に流していました。『7時、10時、13時、16時、19時、22時、1時、5時』の計8回です、そのうちの3回はお薬も注入します。退院後は病院でのケアを自宅でしなければなりません。葵がチューブでミルクを飲んでいる時は、その場を離れられません。そのうちにサクラもお腹を空かせて泣いてきます。

葵の側でサクラの授乳が終わると、抱っこしてゲップをさせて寝かせます。その後、葵のチューブを巻いて寝かせます。二人がすやすや寝たかと思うと一息つく間もなく、次のミルクの時間がやってきます。退院後頑張って母乳育児を続けたのですが、これでは寝る時間も取れずこのままだと身体も精神も持たないと思い、母乳からミルクに切り替えて家族にも協力してもらうことにしました。母子通園の朝は、夫は葵にチューブを使いミルクを飲ませて、私は朝ごはんを作り、サクラがお腹を空かせて泣くと、義理の母に手伝ってもらいました。家族みんなに仕事を分担してもらい、子ども達と保育園に向かいました。

栄養チューブの葛藤

保育園に着くと赤ちゃんのマッサージから始まり、一通り終わるとお水を飲ませます。葵はお水もほとんど飲めませんでした。そのあとミルクの時間になるのですが、それを見ていた園長が、「何とか口から飲ませてあげたいね。自分の口でゴクンと飲むことは子どもにとってとても大きな発達につながるし、お母さんだって口から食べるから美味しいと思うでしょ。」と言われました。それを聞いて私も、「口から飲んで〝食べた〟という感覚を味わって欲しい、チューブの違和感もなく鼻や口から呼吸ができたら、どんなに気持ちがよいだろう」と思いました。

次の病院受診で担当医に「チューブをとって口から飲ませてあげたいんですけれど」と相談しましたが、「お母さん、葵ちゃんは口からミルクが飲めないのにチューブがなければどうやって栄養を摂取するのですか?」と言われて、納得して帰ってきました。保育園に行けばチューブをはずしたいと思い……、病院に行けばチューブをつけたほうがいいと納得して帰ってくる……、そんな葛藤の日々が続きました。

つい楽な方に……

葵は吸啜《きゅうてつ》力が弱く、30分時間をかけても口からは3㏄も飲めません。そのうちに体力がないので寝てしまいます。その後残りのミルクをチューブで流します。毎日のことなのでチューブを使うことに慣れて来て、授乳の度にマッサージをしながら声をかけて口からミルクが飲めるように促すより、チューブで流すだけになることもありました。それでも保育園へ行くと先生が「お口で飲ませてごらん。」と声をかけてくれます。あまり無理はさせないようにして試してみるのですが、なかなか口から飲むことができないことが続きました。

それでも毎日保育園で赤ちゃんマッサージを続けているうちに、ほんの少しだけ口からミルクを飲める量が増えていきました。喜んでいると次の日は飲めなくて、その次の日も飲めなくてガッカリする、そんな日もありましたが、少しずつ、少しずつ母子通園の後は飲める量が増えていきました。

口から食べる美味しさ！

家に帰ってからも、血流をよくするマッサージやお歌をうたってあげることを続けて、夕方もミルクが少し飲めるようになり、夜中も口から飲めるように何度もチャレンジしました。次第しだいに口からミルクが飲めるようになっていきました。

チューブを取るにあたっては「口から栄養を摂取できないのでチューブを取ることはできない」という病院の先生方の考えと、長年の保育経験から「自力で飲むことが成長を促す」ことを知っている保育園の先生方の考えと、双方からもらうアドバイスが違っていました。夫婦で、チューブの必要性について話し合い、また逆に、口から食べ物を摂ることで内臓も鍛えられるのではないか、とも話し合いました。保育園に迷惑をかけないことや親が独断でチューブを辞めさせたとならないように、病院受診の度に相談を重ね、医療の判断を基準において昼夜努力しました。そうやって、5月に母子通園が始まって7月30日に（約3か月かけて）完全にチューブを外すことができました。

ミルクを口から飲めるようになった頃に、葵の顔つきがしっかりしてきたことに気がつきました。これまでの何となく締まりのない顔から一転して自信に満ちた表情に変わっていました。私は「赤ちゃんでもこんなに違うんだ」と感動しました。

見込みがないと言われていた腎臓が動き出した

チューブが取れるか取れないかの頃から、葵の体に少しずつ変化が表れてきました。

生まれた時から右の腎臓がほとんど機能していなくて水風船のように膨らんで、そこに繋がる尿管も水浸しで蛇のようになっていると、説明を受けました。このまま放置していると腐っていく可能性があるので摘出しなくてはならないと言われていました。私は「わずかでも動いている腎臓なら手術で取らないで欲しい。腎臓は異物ではないのだから、自然のまま完全に機能が止まるのを待ってはいけないのですか？」と相談しました。

でも先生からは、「お母さんの気持ちはわかりますが、それには高熱も伴うし、本人に相当な苦痛と負担がかかるのですよ。」と言われていました。その腎臓が、こばと保育園に通い出してわずか2か月の間に、奇跡的に動き始めて手術をしなくてもよくなったのです。

同じように弱い子を持ったお母さん達にその話をした時にも、「腎臓が治るなんていうことはありえない！」と言われましたけれど、本当のことなんです。

他にも、身体がグニャと曲がって側湾がきつかったのですが、ほんの少しずつだけれど変わってきたこと。また、身体をググッと硬直させる痙攣《まひ》のような動作をしなくなったことなど、様々な変化が現れました。

心臓の穴も閉じていた

11月になり、３度目の手術が待っていました。

ちょうどその頃に育児休業の期間が終了し、私は仕事を退職することになりました。働くことが大好きでしたが、落ち込んでいる時間はありません。今度は心臓に空いた2㎜の穴を塞《ふさ》ぐ手術をします。その手術痕は体の成長とともに硬く瘤《こぶ》のようになり、それが心不全の原因になる可能性があるので、小学校４年生頃にそれを取るための手術をする可能性がでてくるということでした。

心臓手術は、風邪を引くとその後の1か月間は手術が出来なくなります。葵は2度手術が延期になっていたので、風邪を引かさないために、1か月程前もって入院することになりました。

病院のベッドの上でもできるだけ、保育園で習った抱っこをしてうたを歌い、赤ちゃんマッサージを続けました。

手術の１週間前の検査で左心室に空いていた２㎜の穴が閉じていることがわかり、手術は比較的身体に優しい手術に変更されました。おかげで数年後の瘤を取る手術の心配もなくなりました。こばと保育園に通わず、室内でチューブをつけたまま生活していれば、心臓の穴は閉じていなかっただろうと思います。

手術が無事すんで、３か月間の入院生活が終わり、２０１５年の２月に退院しました。その年、葵は入退院を繰り返し、しばらく保育園に通えない日が続きました。すぐに風邪を引いてしまうため、主治医からは、保育園への登園のお許しがなかなかいただけませんでした。

園長先生が提案して下さって、保育園の見学日に母子通園をしながら、その年は過ごしました。

まず意欲を育てる

その後、病院の先生からようやくお許しをいただけたのが２０１６年７月（２歳７か月）でした。そこから再び毎日の母子通園が始まりました。葵はまだ歩けないため、０歳組からの復帰です。早く歩けるようになって欲しい、そんなわずかな希望を持ち母子通園が再開しました。

しかし、ベテラン先生のコメントは違っていました。「出来るだけ床でゴロゴロさせなさい」と言うのです。

「歩いて欲しい期待は捨てておいて、出来るだけ長く床で遊ばせなさい。これが終わったら必ず歩けるはずだから」と。

まず先生の考えを聞いてできるだけ抱っこせずに、椅子にも座らせず、床でゴロゴロさせました。子どもが床でゴロゴロするのは見ていられない気持ちがありました。つい手を差し伸べてみたり、つい抱っこをしてあげたい衝動に駆られます。家族にも「子どもを床にそのまんま置いておくなんて……」と言われることもありました。

その意味がわかったのはもっと後になってからでした。まだ歩けない子が床で遊ぶと、その子が意思を持って移動するようになるからです。ベットの柵に阻まれることもなくずっと遠くまでです。そのうちに葵は、目的の場所まで移動しようと手や足を動かしました。こばとの先生は「こうま[8]のリズム遊び（ハイシ）の時のうたを歌ってお母さんの後を追わせてごらん」と言って、声をかけて追わせたり、木のおもちゃを置いて取らせたりしました。

「長く時間をかけた発達が一番いいんだよ」と言われて、私は必死に努力したと思います。

そのうちに頭を軸にして、階段を昇るようになり、家族を驚かせることもありました。葵は歩けないけれど意欲のある子に育っていきました。

母子通園が再開すると、園の担任の先生が大きなロールマットでマッサージをして、うつ伏せの時には丁寧に背骨の歪みや足の長さの左右差を見てくれました。最後にはごろんと回転して大泣きしましたが、それも次第に泣かなくなっていきました。

ホールで金魚のリズム遊びをする時には、うつ伏せになっても足の親指の反りが出ません。仙骨[9]のところを押して親指の反りを出そうとするのですが、なかなかできません。私は「葵には難しくて無理なんじゃないかな?」と思っていました。親指の反りが出ない時にはツボを押すのですが、お尻のツボ(ボイタ博士のツボ)を押すと葵は大泣きします、私が押しても親指は動かず、担任の先生が押すとピーっと親指がでました。他の先生方もあきらめずに赤ちゃんマッサージをしてくれました。そして2か月程かかって、やっと足の親指の反りが出せるようになりました。

9月(2歳9か月)頃から、熱を出さなくなり入院することがなくなりました。そのお陰で休むことなくユウナ、サクラと一緒にみんなで楽しく保育園に通うことができました。

「かわいそう」と思わないで

母子通園が再開して3か月が経過したころ、葵がホールで「ハイハイ」をした時に、先生が思いっきり介助してくれました。葵は大泣きに泣いて、ギャーと声を上げました。

私は「この子は病気だから無理はさせられない」と思って、いつもそこまで泣く前にやめていました。「かわいそう」と思っていたのです。ですがその考えが、この子の成長を阻《はば》んでいたのだと気づかされました。

翌日、葵は昨日思いっきり介助してくれた先生を見ると逃げていきました。葵の後ろにその先生がいるだけで泣きました。そしてその日の夜、葵は初めて寝言を言っていました。そのことがきっかけで、葵が人の顔をちゃんと認識していることがわかったのです。

ある日、葵がぼんやりと4つ這いの姿勢をしていると、その先生が落ちている葉っぱを指さして、「それを拾って。」と声をかけました。するとそれを聞いた葵が、ハッとした表情をして、さっと拾ったことがありました。

それから運動会の練習のときに「親指をピッと出して。」と言葉で指示したときに親指がパッとでました。言葉が理解できていることがわかったときには、とても嬉しかった。

歩いた

2歳10か月になって初めて歩行することができました。

その時は、担任の先生が気づいて知らせてくれました。始めて歩いたときは、私もぼーっとしてうれしい反面、夢を見ているようなフワフワとした気持ちになりました。〝子どもと手を繋ぎ歩く〟という、当たり前のことがなかなかできなくて長い時間がかかったけれど、初めてできたときには、神様からご褒美《ほうび》をいただいたような気持ちになりました。

そのときに先生が喜んで「立つと変わる、歩くとまたこの子の世界観が変わる、走るとまた違ってくるよ」と教えて下さいました。子ども達の世界観は身体の成長とともに変化する、本当にその通りで、そのたびに言葉や行動の変化が見られました。小さな変化を見落とさずに、その変化に沿った関わり方が必要なのだと思いました。

歩くことができても、歩行に時間がかかるときはつい抱っこしたり、手を引いたりしてしまいました。そのたびに先生方から、「待つこと」と「じっと見守ること」の大切さを教えていただきました。まだまだできないときもありますが努力しています。

葵が歩けるようになってから、できるだけ近所をお散歩するようになりました。

春になると、少しずつ言葉も出てくるようになりました。週末には3キロ歩き、平日の朝にもできる日には1・5キロ歩いてから登園する様になりました。葵は歩くようになってから言葉を発することが増え、サクラの言葉を復唱するようになりました。

念願の歩行ができてからは、家族ともに価値観が変わりました。

毎日お散歩に出ては、お互いに歩く幸せをかみしめました。自分の足で歩き、景色を眺め、季節の移ろいを感じることができる、狭い病院のベットの上でずっと天井ばかり見ていた頃と違って、わが家の世界が生き生きとしてきました。

そして歩く時には問題はないのに、うつぶせのハイハイのリズムでは脚が交互に出なかったのですが、保育園の先生方の毎日の粘り強い保育のお陰で、右足が動き、前に出せる様になってきました。

周りのお友達を真似てトイレにも行けるようになり、サクラやお友達の影響もあってお箸も持つようになってきました。

子どもの意欲を大切にする

夏になると、外の道路は危ないからと、いつもは繋いで歩いていた私の手を、葵が自ら払って自分で歩き、一メートルほど走り出しました。

その年の運動会の前には、まだ歩いて間もなかったので、みんながかけっこしているときに、葵は斜面を歩いたり、木の根っこの上のでこぼこを歩いて足を使うことに力を入れていました。そのお陰で力がついてやる気が出たのか、運動会前日になって、本人がかけっこに出たがるということがありました。先生方が話し合って下さって、運動会のかけっこにみんなと一緒に出してもらえることになりました。当日は私と一緒に手をつないで走りました。きっと自信がついたのでしょう、走り終えた時には、走る前よりも葵の表情は生き生きとして明るくなっていました。

こばと保育園では、子ども達の成長のチャンスを見逃しません。子ども達の発達を促すためには決して妥協しない姿勢に、いつも学ばされています。

発達の状態にあったクラスに在籍する

こばと保育園では年齢だけで進級するのではなく、身体の発達状態をみて進級できるかどうか判断しています。葵の身体の動きはアンバランスで、背筋は強く、腰はぐにゃぐにゃして座れない、脚はもっと弱く歩けませんでした。そのため0歳児クラスに3年間在籍し歩行ができるようになってから本来在籍するクラスに戻りました。もし歩けないまま進級していたならば、こんなにしなやかに動けなかっただろうと思っています。

乳児期から幼児期にかけての身体の動きやその子を取り巻く環境が、一生を左右するほどに重要な意味を持つことを実感させられます。特に発達を待った進級の見極めは、弱く生まれた子どもたちの可能性を伸ばしてあげられる的確な方法だと思います。

私に拓かれた新しい希望の道

葵とサクラが3歳4か月になり約三年間の母子通園が終わりました。その時に園長から、「これまでの母子通園の経験を活かして保育園で働きませんか」と声をかけられました。葵が生まれた時に、もう仕事はできないだろうと思っていました。それなのにこんなに早く再就職をすすめられ「私でいいんですか」と返事をし、また仕事ができることが嬉しくて、嬉しくて仕方がなかったです。

そして保育園での学びを深めるために、翌年の2018年に保育士の試験を受験し保育士となり、福祉系の通信制大学に入学し卒業しました。「知識が増えるのはいいでしょう」と前園長は言います。斎藤公子先生の「知は力なり」の言葉の重みと後押しを感じました。

ドクターに褒められて

その後の葵の検診で担当医から、「葵ちゃんは二歳半の知恵を持っている、五歳半の知恵があれば、一人で生活していけるので、お母さんこれからも色んなことにチャレンジさせてね。体が弱いとみんな風邪を引かせないようにお部屋の中で育てるのに、お母さんは早いうちから保育園に行かせた。医者としてはハラハラすることもありましたが、この一点だけは評価したい。」と褒められました。

先に書いたのですが、保育園に行かせたのは私の考えではありませんでした。振り返ってみて、この五年間大変なことの連続でしたが、こばと保育園の環境が素晴らしいだけでなく、ベテランの先生方の経験に基づく貴重なアドバイスや後押しのおかげで苦しい時も毎日楽しく、今となってはすべて笑えるぐらいよい経験をさせていただいたと思っています。

小泉英明先生にもらった希望

2019年2月。こばと保育園で〝斎藤公子生誕100周年記念講演〟が行われました。10年ぶりに脳神経科学者である小泉英明先生が来沖されました。

私は葵が生まれた時に言われた「脳がなかった」の言葉が5年経っても忘れられずにいました。するとその日の講演で脳を半分も摘出した「ニコ」という青年の話がありました。明るく生きるニコとニコを支えるご家族のことを思った時に心が震えて、温かな気持ちと大きな希望をもらいました。そして講演会の最後に一生分の勇気を振りしぼって小泉先生に質問しました。

「わが子の脳をちゃんとつくってあげたかった、わが子の成長を見ても、まだ自分の中で解決できないんです。」先生は優しく、お話して下さいました。

「脳には未知なる部分があります。小さい子の脳には可塑性があり、紙一枚の大脳で学者になっている人もいます。特に小さいうちなら代償機能を持つこともあります。その点心配なさらないで大丈夫ですよ。」

このことは、私の心の大きな転機となり、励みとなっています。

ここに命輝く希望の保育がある

葵は医療によって命を救われました。ですが、医療だけではこの子の本当の豊かな成長は期待できなかっただろうと思います。斎藤公子先生の保育実践だからこそ、高度な医療によって救われた命が輝き、どのような命であっても価値を持ち生き続けることができると思っています。

障がいを持ったお子さんをもつお母さん達の中には、なかなかわが子のことを受け入れられない現実があります。そしてわが子が障がいを持つことによって越えなければならない、思いもかけない困難がたくさん訪れます。この保育は生まれてきた子どもたちと親を温かく包み、時には厳しく、そして優しく育んでくれます。

お母さんたちが落ち込む暇がないくらい、早いうちからわが子に手をかけ、声をかけ、できることがたくさんあります。

「わが子のためにしてあげられることがある」と心の深い部分でわかった時には、親は自分でも知らない、ものすごく強い力が湧いてきて、わが子のために変わることができるのです。

この保育がもっと深く、広がっていくことを願っています。

２０１９年３月　記

＊葵ちゃんは５歳６か月の知能検査で３歳８か月、社会生活検査で自己統制が４歳５か月の発達と診断され、小学校の支援学級に入学できることになった。

５歳３か月

５歳５か月

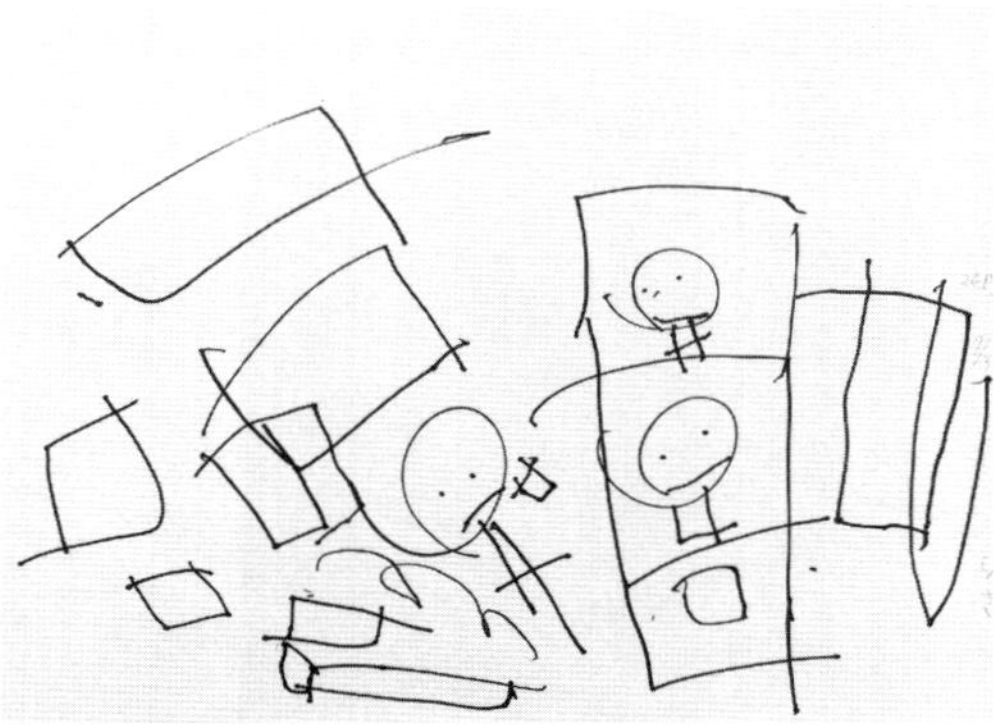

５歳６か月

手塩にかけて

2歳2か月で発達障がいと診断された新《あらた》くん

斎藤公子のスケッチ

母28歳（コンピューターエンジニア）
妊娠6か月まで勤務
第一子（2歳違いの弟がいる）
2012年2月4日生まれ
体重2928g、身長50㎝
アプガースコア5.5点
妊娠期間39週6日、陣痛時間6時間30分
普通分娩
2歳2か月から母子通園開始

＊子どもの名前は仮名です。

新生児は寝ないもの？

（新の母　記）

初産であるにもかかわらず、陣痛から出産まで6時間半という安産であった。新は本当に大きな声でよく泣く子だった。病室が大部屋だったので、はたして他のお母さん方は眠れるのだろうかと、冷や冷やするぐらい大きな泣き声だった。新を寝かしつけてやっと眠れると思ったら、すぐ泣いて起こされる。新はどれくらい寝ていたのだろうと確認すると、1時間〜1時間半ぐらいしか寝てないことが度々あった。初めての子育てだったので、育児サイト等の先輩お母さんの声にあった〝赤ちゃんの授乳で寝不足〟などから、新の睡眠時間が短いのは赤ちゃん特有のことだと思っていた。

フサフサな髪の毛と、いびつな頭

新は身長50㎝、体重2928グラムで生まれた。特段変わったところのない大きさであったが、目立ったこととといえば、生まれた時点で髪の毛が剛毛ふさふさであったことである。

沖縄では後頭部がまっすぐな人を〝たっぺー〟というが、後頭部だけではなく側頭部もまっすぐだった。お布団の上に寝かし過ぎなのか、枕が合わないからなのかと色々試してみたが結局治らず。6歳になった今も坊主頭にするのを少しためらう。

男の人とは視線が合わないの？

私は気にならなかったが、夫が新生児の新《あらた》を抱っこした際、視線が合わないことを指摘していた。その時、私も義理の母も視線が合わないと感じなかったので、男の人だけが合わないのかなと結論づけてしまった。当時の私は、自閉症と診断するときの基準の一つとして、〝視線が合わない〟ことがあげられることを知らなかったのだ。

身体的発達は早いが、体が硬い

その後の新の身体的発達は、何においても早かったと言っていいだろう。首は2か月半で座り、寝返りは5か月ぐらい、ハイハイは7か月、つかまり立ちは9か月、歩くのは1歳前と、一般的な赤ちゃんの発達と比べてみても早い。何故、こんなにも発達が早かったのか当時を思い返してみると、思い当たったのは、とにかく新は体が硬いということだった。

女の子より男の子の方が抱っこが大変なのかな？

新の抱っこは本当に大変だった。突然、身体を反らしたりするのだ。私は赤ちゃんに触れる機会が少なかったから、抱っこで体を反らすのは特別おかしいとは思っていなかった。

だが新の2か月違いの従姉妹を抱っこしていると、泣き声は新より大きいものの、体は反らないし泣いていても強張りを感じないし、本当に抱っこしやすいなと思った。

この時も無知な私は、〝女の子と男の子の違いかな、「一姫二太郎」とはよく言ったものだ〟と思っていた。恥ずかしい限りである。

早期教育しなくては……

私自身、幼稚園ぐらいから早期教育を受けていたので、自分の子どもにも早い段階で教育しなければいけないと思っていた。妊娠中に早期教育の通信を始め、新の出産後からさまざまな早期教育関連の教材を購入していた。教材の内容は、教本とプラスチックのおもちゃ、絵本である。斎藤先生の本を読んだいま、その選択は失敗でしかないなと思われる教材内容であるが、この時はそれが最善の内容だと思っていた。本当に無知とは恐ろしい。

絵本はページをめくるためのオモチャ

教材を与えられた新は、電子音が含まれるおもちゃは片時も離さずであったが、まったく絵本を見ないのである。絵本はページをめくる物だと思っているのか、絵に興味を示さず、ずっとページをめくっていた。私は少しでも絵本に興味をもってほしくて、絵を指差して「これはね～」と声かけしても、指差しの指でさえ邪魔と言わんばかりにページをめくっていた。生後半年ぐらいから根気よく絵本を見せていたが、いつも「まだ読み聞かせには早かった……」とあきらめ、読み聞かせを終わらせていた。

指差ししない

私の指差しに対して興味を示さず、新自身も興味あるものへ指差しすることがなかった。それでも1歳ぐらいからいくつかの単語は発していたこと、男の子は2歳ぐらいから話す子もいるよと周囲から言われていたこともあり、気にしていなかった。それに、新はよくしゃべる子であったから。ここに落とし穴があった。

⑩宇宙語で一人芝居

新が家族に話していたのは、「宇宙語（意味をなさない言葉）」であった。極めつけは、少し高い場所に立って、まるで舞台の一人芝居をしているかのごとく、一人でしゃべり続けた。そのため、これは男の子特有なもの、そのうち話すようになるだろうと楽観視していた。

1歳半検診では特に指摘なし

新は身体的発達に関して成長曲線内に入っているので気になる点はなかった。ただ、行動的発達と言語的発達は、今なら素人目から見てもおかしいとわかる。

すべての検査において新の行動は、発達に関して指摘を受けそうなものだが、1歳半ではその日の体調や個々の成長によって出来不出来にムラがあるので、簡単に判断できるものではないとのことで、特に発達に難ありとの指摘は受けなかった。

ただ私は新が1歳半で二語文を話すことが無いことが気掛かりだったので、心理士さんへの相談を希望した。

発達検査で知的発達に遅れあり

結果は、知的発達に関して半年ぐらいの遅れが見受けられると診断された。

この時にも1歳半ぐらいの子どもは体調などにより、検査結果がブレることがあると言われ、ここでも発達に難ありとの指摘は受けなかった。

そのため、私はそのとき、たまたま調子の悪い日であったのだと楽観的にとらえた。今にして思うとそうとらえたのは、自分の子どもが発達障がいであることを受け入れることができなかったからであろう。

新《あらた》の保育園探し

第二子の妊娠をきっかけに保育園の利用を決めたが、新の保育園選びは大変だった。当時住んでいた市町村は沖縄県でも有数の待機児童の多いところだった。認可園入園の申込みをしていたが落選し、認可外の保育園もいくつかの園で断られた。それでも、受け入れてくれそうな保育園が近所に2か所あり、両方とも見学してみた。

「多動行動」を指摘してくれたA園

A園で見学と面接をしてくれたのは、副園長先生であった。ありがたいことに、この先生が新の多動行動を初めて指摘してくれた先生である。「受け入れる条件として、市町村の支援を受けて欲しい」と言われ、1回目の面接は終了した。

相談員さんを交え、2回目の面接を行った。その際、園長先生と相談員さんとのいくつかやりとりがあり、市町村の支援があることが伝わると、A園への入園許可がおりた。

しかし、手厚い支援が見込まれたA園ではあったが、私たち夫婦は徹底した躾《しつけ》や教育をしているA園で、新が伸び伸びと過ごせるとは思えず、お断わりすることにした。

B園の先生「この子は預かれません」

B園は少人数制で小規模な建物ながらリトミックや週に1回の体操などを行い、カードを使った言語訓練もあった。運動も適度に行い、かつ、早期教育もあり、何よりもアットホームな感じがするB園を、私たち夫婦はすごく気に入った。自宅から徒歩圏内という近さも魅力的だった。

私は新のことを多動行動と相まって、自由奔放な子どもだと勘違いしていたので、躾がしっかりとしたところよりも自由に伸び伸びと過ごせる保育園が合っているのではないかと考えていた。そのため、A園よりもアットホーム的な感じがするB園へ通わせることに決めた。ただ、A園では、多動行動をすぐに指摘してくれたのに対し、B園の園長先生からは発達に関しての指摘はなかった。この時は「A園では指摘があったが、大丈夫なのかな?」としか思わなかった。

その不安が的中したのが、B園への登園初日である。登園初日は慣らし保育のため、9時~11時と短い時間の預かり保育となっていた。私たち夫婦は、初めて他人へ新《あらた》を預ける不安と、新《あらた》が新しい環境に慣れてくれるかという不安で一杯だった。その思いを抱え、お迎えに指定された11時頃、B園へ向かった。

到着後、園長先生が開口一番に言われたのが「この子は預かれません。」だった。小規模の施設なため、新《あらた》の多動行動が他の小さい子たちに危害を加えかねないから、という理由だった。そう言われた時、私たちは相当ショックを受け、また落ち込んだ。でも、同時に、自分たちの子どもが発達に難のある子どもなんだということに正面から向き合うキッカケとなった。

障がい児の発達を手助けする保育園

そこから私たちの切り替えは早かったと思う。B園から断られたその日に発達障がい専門の病院へ連絡を取り、市町村の支援員さんからは療育機関の情報や利用方法を聞きだした。

小児科の看護師であった義母に相談すると、新の大叔母が障がい児の発達を手助けする保育園で働いていると聞き、そこで大叔母に相談した。大叔母が働いているのが、こばと保育園であった。「ここまで通うのは大変だと思うけど、発達の保障はするからぜひ、こばと保育園に来てほしい。」と大叔母に見学を勧められた。私たちは発達障がい児に対する子育ての情報がまったくなく、藁《わら》をもつかむぐらいの心境だったので、大叔母の提案は本当にありがたかった。

こばと保育園見学

出産間近であったことを考慮して下さった園長先生のはからいで、異例のお昼寝時間帯の見学だった。見学に行ったのが5月半ばであったが、こばと保育園の第一印象は、ヒノキの香りが漂い、心地よい風がそよそよと吹く、自然あふれる所だなと思った。道路の奥まったところにあるのだが、ホールは広く外からは想像もつかないぐらい広い施設と起伏のある園庭に驚いた。

初めての広い施設に新はものすごく興奮していた。興奮のあまり、お昼寝をしている子ども達の上を走り回ったのだ。私達もまさか寝ている人の上を走り回るとは思ってもいなかったので、自分の子の余りの行動に愕然《がくぜん》とした。こばと保育園の見学は、色々なことに気づくきっかけにもなった。当時2歳1か月だった新がおもらしをしたのだが、その時私たち夫婦は二人がかりで着替えさせた。それを見ていた園長先生から「新くんは自分でお着替え出来るよ。自分でできる年齢なのに大人が手伝うのは過保護なんだよ。」と教えてもらった。

先生方は、新はすごく育てるのが大変な子どもであることを指摘してくれ、「出来るだけ早いうちから園へ連れておいで。」と、登園を認めて下さった。

母親を追ってくれない

新は一瞬でも目を離すとどこへでも行ってしまう子だったので、常に手をつないでいる状態だった。こばと保育園へ入園する際、園長先生に、「お母さん、子どもはお母さんの後を追うものよ。新くんはお母さんがいつも後を追っているでしょ?それではいつまでたっても新くんがお母さんの後を追ってくれないよ。」と言われて、こういった行動面でも新は大変な子なのだとわかることが出来た。

扇風機が大好き

扇風機を使用する季節で新がハイハイをしていたことから考えると、生後7か月ぐらいだったと思う。新は扇風機が大好きであった。よく扇風機のボタンをいじっては、扇風機をつけて喜んでいた。さすがに危ないので扇風機から遠ざけても、気づけば近寄ってボタンをいじってつけようとしていた。風にあたるのが好きだから、扇風機をつけて遊んでいたと思っていたが、恐らく、扇風機の羽が回るのを見ていたのであろう。

回転するタイヤが大好き

扇風機の羽と同じように車のタイヤが動くのも好きだった。机の上でミニカーを走らせるときは視線をタイヤの位置に合わせて、床で動かす時には床の上へ寝転がることで、視線をタイヤの位置にもっていってからミニカーで遊んでいた。

一回見たら覚えてしまう

一度見たマークなどは、「これは○○のお店のマーク！これは（自動車会社名）の車！」といった具合である。それどころか一度行った場所への道順も覚えているようで、いつもと違うルートで知っている場所へ行くと、その道中はずっと窓から外をみて観察しているようだった。

入園してすぐ現われたリズム遊びの効果

こばと保育園への入園は6月中頃であった。こばと保育園は認可外保育園のため加配保育を行っておらず、加配が必要な子どもは親が付き添いをしていた。その頃、私は臨月で動けない状態だったので、出産に備えて休みを取っていた夫が父子通園を始めた。

リズム遊びの効果はすぐに現れた。新はお昼寝をしない子だったが、リズム遊びの後は短いながらもお昼寝をするようになった。

リズム遊びの効果は言語面にも表れ、新が明瞭に言葉を話すようになった。

これらの短期間での新の変化はあまりに大きく、目に見えて変わっていったので、私たちの〝斎藤公子のリズム遊び〟に対する信頼は日増しに大きくなっていった。

そして私は、第二子の出産を無事に終えることができた。

これだけは譲れない

新との母子通園で、一つだけ心掛けていたことがある。

泣いて嫌がっても「ハイハイ」だけはやめないことだ。今振り返って考えても、はたから見たら虐待に間違われるぐらいに泣いている新に、ハイハイ運動をさせていた。身体が硬い新にとってハイハイはとても大変な運動であったと思う。それでも、新の発達にはハイハイが必要だとわかっていたので、「泣いたらお母さんはやめてくれる」と思ってもらいたくなかった。

特に大変だったときは、8メートル程の距離を30分~1時間かけてやったことがある。その時、新と私は互いに意地になっていたと思うが、新はずっと泣いてハイハイを拒否していたが、私もそこでやめたら新のためにはならないと思い、やめなかった。

お尻のツボを押しながら少しずつハイハイさせ、やり切ったとき、新は汗だく、私は筋肉痛になるぐらいだった。

保育園の給食で偏食が治った

こばと保育園の給食を知って、定型発達の子でも発達障がいのある子でも、子どもの偏食を作るのは親なのではないかと思うようになった。

新には偏食がない子になって欲しかったので、納豆やゴーヤーなど、子どもが苦手とする食材も頻繁《ひんぱん》に与えていた。食事内容も主食・タンパク質・野菜類が偏《かたよ》らないように気をつけていた。ただ、その進め方に問題があったと思う。

初めての子育てだったので全てと言っていいほど、子育て本を参考にしていた。離乳食レシピには、初期、中期、後期、完了期がある。初期は一つの食材が中心であったが、中期、後期、完了期と進むにつれ、複数の食材を使用するようになっていく。この複数の食材を使用することに落とし穴があった。

本にあるレシピは、子どもが苦手な苦味や酸味のある食材は、他の食材で隠したり味を消したりする調理法になっている。そのため、子どもは食材本来の苦みや酸味の味には慣れないまま離乳食を終える。その状態で普通食へ移行しても、子どもはその味を受け付けない。親も、子どもが受け付けない食材を与えなくなるので、子どもがその食材の味に慣れる機会を奪ってしまう。私は新をこうした一連の流れで偏食にさせてしまったのではないかと考えている。

フルコースのような給仕で偏食克服

こばとの給食は最初に、サラダから始まり、メイン(肉か魚)、ごはん、汁物という順番となっている。イメージは西洋料理のフルコースのような形式である。この食事提供の順番に加え、食事の量を調整している。例えば、子どもがサラダを食べることが出来なかったら、キュウリやニンジンなど一つの食材を1個から始める。それを食べることが出来るようになったら、食材を増やしていく。食べられる食材が増えてきたら、量を増やしていく。この方法を家でも実践するうちに、生の野菜を食べることが出来るようになり、今では偏食がほとんどない子になっている。

テレビの影響

斎藤公子の保育では、テレビは害悪であり見せてはいけないと言われているが、家事や育児を一人で切り盛りする日常では、見せる時間は減ってはいたが、なかなか切ることが出来なかった。私の父と祖父母の入院が重なり、いつも以上にテレビに頼っていたときであった。新の絵に変化が現れた。丸が出なくなり、終いには絵が荒れてしまったのだ。

私の一瞬の気の緩みで順調に発達していた新の成長を後退させてしまった、と焦った。「あ、これでは新の発達に支障をきたす」と、このとき初めてテレビの怖さを思い知らされた。この体験で、園長先生から常日頃「大変な子どもは手塩にかけて大切に育てないと。」と言われている本当の意味を理解したと思う。

定型発達の子どもは、少々害になるような食事や電子音等の環境因子を与えても、はね返す力があるが、新のような子はその力がないのだと思う。

「親が有害なものから守ってあげないと」、とはこういうことなのだと改めて理解した。

就学前の知能検査

5歳10か月を迎えた頃、通っているクリニックから修学前なので知能検査をすることを勧められた。新の知能検査は1歳半検診直後と発達クリニック通院開始直後と2回受けていたが、それ以降は検査していなかった。こばと保育園への通園後はどう変わったか興味があったので、知能検査を受けることにした。本来なら心理士と新二人で検査を行うのだが、本人の希望で母親同伴での検査となった。

知能検査は13項目あり、その中に文字・時計・曜日等の質問があった。「斎藤公子の保育」では文字教育を推奨していない。他の保育園&幼稚園などでは教育カリキュラムに含まれているかもしれないが、教えていないものを検査項目に含めるのは如何なものかと憤りを感じた。検査という枠組みの中である固定の型にはめられているようで奇妙だと思った。ただ、この検査を受ける新は、検査自体に興味がないのにも関わらず、室内のおもちゃに気を取られ体を揺らしながらだが、1時間離席することなく検査を乗り越えたのだ。その新の成長に感動を覚えた。

後日、検査結果の内容を心理士さんから説明を受けた。新たは言葉のコミュニケーションに関して問題はないとのこと。しかし、作業内容を理解することと作業に取り組むことは時間をかけないとうまくできないとのこと。実際、検査結果のグラフを見ると、できている項目とできない項目の凸凹が顕著で、発達障がい児の能力にはばらつきがあるということを再認識した。

今回の検査結果から、心理士さんには小学校入学の際、支援学級の利用を進められた。

これから年長を過ごすにあたって

2歳2か月からこばと保育園でお世話になり、今年の春で年長を迎えることが出来た。「大変な子」と言われてきたが、現時点で定型発達児に間違えられるほど成長している。

これから先は、「どれだけ私たちが焦らずに待ってあげられるかにかかっている」と思っている。

先日、同じような障がいを持つ子の、先輩お母さんから声をかけられた。

「これから変わっていくから大丈夫よ。」

その言葉の響からは、まったく焦りは感じなかった。

２０１８年６月　記

＊２０１９年４月、新くんは普通学級に入学した。

ツンデレ天使

2歳で発達障がいと診断されたメイちゃん

斎藤公子のスケッチ

母40歳（元・事務職）妊娠9か月まで勤務
第一子
2013年8月22日生まれ　体重2250g、身長44・0㎝
アプガースコア9点
妊娠期間37週2日
ヘルプ症候群により緊急帝王切開
3歳1週間から母子通園開始

＊子どもの名前は仮名です。

40歳の誕生日プレゼント！

（メイの母　記）

私がメイを授かったのは、40歳直前で、不妊治療を覚悟した矢先のことでした。生理が終わっても出血が続いたので病気を疑い、今後を考え不妊治療で有名な病院に行ったところ、おめでたと言う、全くの予想外の嬉しい出来事でした。

〝妊娠7週目〟これが娘との初めての出会いです。40歳の誕生日の直後でした。

私の年齢の事や、当時、高血圧であったこと、出血が続いていたことなどで、「このまま赤ちゃんが育つかどうかわからないから、また二週間後においで」、と病院で言われましたが、その後の妊娠中は大きな問題もなく、つわりもまったくありませんでした。私はよく食べ、よく眠り、だんだん大きくなっていくお腹に話しかけ、毎回の検診の度に診られるエコー画像の赤ちゃんに喜び、お腹を蹴られるとまた喜び、妊娠生活はごくごく普通で順調だったように思います。

メイの誕生

「予定帝王切開ではなく普通分娩でいけます。」と言われ、嬉しさ8割、怖さ2割のなか、沖縄での大きな行事である旧盆を迎えました。大きなお腹を皆に触ってもらい、楽しくウークイ[11]を終えた翌日、定期健診前日でしたが、チクチクと痛む胃を何とかして欲しくて病院へ行くと、緊急帝王切開を告げられました。
[12]ヘルプ症候群と言う妊娠中毒症の一つで、今すぐ妊娠を中断しないと母子ともに危ないと言われ、あれよあれよという間に、手術室へ。
麻酔で痛みも何も感じないままお腹から出された赤ちゃんは、私の大きなおなかの割にはとても小さくて、2250gしかありませんでしたが、元気な女の子でした。

メイは小さいためおっぱいの飲みも弱く、上手に飲ませられない新米ママの私はとにかく必死でおっぱいを与え、試行錯誤しながらどうにか飲ませているうちに、スクスク育ってくれました。

あんまり笑わなくて、よく困り顔をしていたメイが、笑顔を見せてくれたり、笑い声が聞けると、それはそれは嬉しくて、夫婦で何度も何度も笑ってくれた同じことを繰り返していたものです。

今から思えば、この困り顔や、おっぱいを飲ませるときも私の顔より頭の方を向けさせて髪の毛を触りたがる事とかも、自閉症の特性だったのかもしれませんが、何にも知らずに私たちは「困り顔が可愛いなんて、本当に可愛い証拠だ！」「この子、[13]ツンデレだよ（笑）。」と普通に親バカ全開でメイを育てていました。

3か月検診
異常なし。5666グラム、60㎝、「100日写真の撮影日、ぐずって3日後に改めて撮影予約。でも、その数日後からよく笑うようになった……。」（母子手帳の記録）

6か月検診
異常なし。6790グラム、66㎝、「助けを借りなくても自力で寝返りした（6か月と4日）。」
（母子手帳の記録）

この時、母子手帳には「ひとりすわりをしたのはいつですか」とあるが、私は記入してません……できてなかったのです。

10か月検診
異常なし？　7850グラム、72・2㎝、「健康」（母子手帳の記録）

この日の検診で、ずりばいはするが、お座りはしないと言うと、お医者さんから嫌な反応があり、それにも関わらず、最終的に「かかりつけのお医者さんから何の指摘もないならいいでしょう。」と言われ、その時は「うちの子を問題児扱いしたくせに最後は無責任な感じだし、なんだろ？？？」となりました。この時もっと真剣に突き詰めればよかったのに、と今でも考えますが、当時は、母親の不安は子どもに悪影響だと思い、気にしないことにしていました。

1歳検診
健康、8585グラム、75㎝、つたい歩きは11か月ごろ。歯の生え始め10か月。「10か月過ぎから、E.Tの曲を歌いながら指を差し出すと、メイも指を合わせてくれるようになっている。ボールが弾むと笑う。」（母子手帳の記録）

1歳3か月

ずりばいとつかまり立ちのまま、1歳3か月で私の職場に近い私立の幼児園へ入れることにしました。1歳児クラスから週一回アメリカ人の先生と一緒に英語の歌を歌ったり、2歳児からは体操教室もあり、広い園庭で、年長さんになると集団での楽器演奏やマーチングなど、みんなと頑張ることを学べそうなことと、何より私の職場の真向かいなのが、選んだ理由でした。

集団生活がきっとこの子を成長させてくれるはずとワクワクしながら、お迎え後は、職場によくつれて行っては皆にメイと遊んでもらうような毎日でした。

1歳6か月

ようやく一人で歩くようになり、名前を呼ぶと手をあげてお返事などもするし（2歳超えてからの方が返事しなくなりました）、歌もよく歌うし、意味は分からないけれどよく何か言ってるから、そのうち喋るだろうと思っていました。

1歳8か月

1歳半検診があり、そこで初めて言葉の遅れを指摘されました。指差しするか？積木は積むか？がどちらもNOでしたが、2歳まで様子を見ようと保健師さんに言われました。

ちょうど同じ頃、イギリスにいる友達から「息子が自閉症だとわかった」と連絡があり、初めて自閉症について調べてみると、娘に当てはまることも結構ありました。それ以来、目は8割方合うし、逆[14]さバイバイはしていないから大丈夫と、自閉症を気にするようになりました。

1歳11か月

当時、娘は自分の思い通りにならないと泣きわめくことが増えていたのですが、世間では「魔の2歳児」と言われる時期でもあったので、どうにかこの時期を乗り切ろう！と思っていました。

そんなある日、娘が逆さバイバイをしてるのを見て、正直心臓が止まるかと思いました。不安を打ち消してもらえたらという思いで幼児園の連絡帳に「逆さバイバイしました（汗）。」と書いたところ、担任の先生から「実は気になる事が他にもあって…」と、癇癪《かんしゃく》の激しさと扇風機への異常な興奮を指摘され、「何でもなかったらそれでよいわけだから、一度専門の機関に診てもらった方がよいと思います。」と言われ、2歳の誕生日直前の8月に、私から那覇市の療育センターに連絡をして診てもらうことになりました。

2歳で自閉症と診断

療育センターでは、心理士の方が発達検査などをしてくれて、12点以上から自閉症と言われるところ、娘は20点あるのでほぼ間違いないだろうが、診断は医師でないと出せないと言われ、医師との面談待ちとなりました。一番早くてひと月待ちです。

診断がつくまで長いようで短くて、短いようで長くて、その間ネットでいろいろな情報を調べては落ち込み、先がまるで見えなくて、いま思えばその頃が一番苦しい時期でした。

しばらくの間は幼児園に通いながら週一回のペースで、「わくわく教室」という那覇市の無料の発達支援サービスに通うことにしました。

こばと保育園に通いたい…でも空きがない

従姉の娘は二人ともこばと保育園の卒園生です。従姉の話では、長女の同級生は、「2歳の頃は自閉症だったけど、現在は成績優秀で運動もできて、クラスの人気者だよ」と。「メイをこばと保育園へ連れて行ってみてはどう?」と言われました。

わくわく教室で週一回仕事をぬけている私は、休日をとるのが難しくて、主人に娘と二人で見学会へ行ってもらいました。

帰ってきた主人から話を聞くと、「とにかく子ども達がみんな人懐っこいんだよ。雨でお外にでられない中、みんな元気に体操(リズム遊び)していた。不思議とメイもみんなの真似してホールに出て行ったよ! とてもよかったんだけど空きはないって。でも、認可の姉妹園を教えてもらったよ!」と。

ということで、姉妹園の南城市大里にあるあおぞら保育園を訪ねました。園長先生が話を聞いてくれましたが、こちらも空きはなく、入園は無理。でも、「子育て支援センターがあるので、そこに親子で通ってくれれば、色々教えてあげられるよ」と。

療育センターと子育て支援センター

職場に迷惑をかけてしまうことや、何より仕事が大好きだったので、苦しい選択ではありましたが、思い切って退職し、新年度から那覇市の療育センターとあおぞら保育園の子育て支援センターを併用することに決めました。目も合わなく話も聞いているんだかわからない娘が、何でもいいから関心を示してくれたらと、とにかく手探りでがむしゃらに過ごしていた4か月間。

最初は、幼児園時代に指摘された様に、気持ちの切り替えが上手くできなくてよく癇癪《かんしゃく》を起こしていたのが、「おしまい」と言われても、泣かずに次の行動に移れるようになっていきました。よい方向に変われてるだけでも満足すべきなのかなぁ？と自問自答。「いや、もっと出来ることがあるはずだ。でも何が？」そんな気持ちが時間とともにどんどん出てきます。

療育センターで、「3歳児クラスからは定員を増やす園も多いよ。」と耳にして、ふと、もう一度（私自身は初めて）こばと保育園へ行ってみよう！と思いました。

再びこばと保育園の門を叩く

初めて門を叩いてから約半年後、こばと保育園を再訪問したのです。メイは3歳直前になっていました。みんながリズム遊びをしている様子を見学し、園庭を見学し、斎藤公子先生の保育実践について先生方からお話を聞かせてもらうなか、一人の先生が「あきらめないで！」とおっしゃって下さいました。それは、「メイの成長をあきらめるな」と言う意味だったのですが、当時私は「入園をあきらめるな」と言われたんだと勘違いし、園長先生に入園をお願いするために日を改めて再度足を運びました。

「よそではメイは育たない！」と必死でお願いし、その結果、「リズム遊びを習いに1か月間だけなら」と、期間限定の母子通園を許可してもらいました。

1か月間のチャレンジ

こうして私とメイ（3歳と1週間）の、こばと保育園での毎日が始まりました。

姉妹園での4か月があったので、斎藤公子の保育はそれなりに勉強していたはずでしたが、よくはわかっていなかったことがわかってきました。朝9時から11時くらいのリズム遊びが終わるまでの通園でしたが、汗だくで娘の介助をし、合間に斜面に連れて行き、登らせる。ちゃんと他の子と同じように日誌（就寝・起床時間、朝ごはんの内容、排便など）も記入し、それについて先生からの返事やアドバイスをもらいました。たった一か月でしたが、せっかく頂いた機会を無駄にしないように夫婦で頑張りました。

自閉症の子ども達は睡眠障がいや偏食がある子が多く、娘もそうでした。

夜は8時台に眠らせるため、夕飯が済むとすぐにお風呂に入れ、主人は運転、私は抱っこして歌いながらドライブしたりしました。寝てくれずに2時間も車にいたこともあります。

とにかく、保育園で教えてもらえることが、今私たちがやってあげられることなんだと、必死でやっていると、面白いように娘がどんどん変わっていったのです。

メイがどんどん変わっていく!

金魚、どんぐり、ハイハイをやると、娘の神経が全部つながっていくような感じです。目はこちらを見、耳はこちらを聞き、と本当に驚きです。

現在、模倣が始まっているのも、そのおかげだと思います。

2歳2か月で自閉症と診断された娘に、何がしてあげられるのかわからないまま時間だけが過ぎて行き、先の見えない毎日を過ごしていましたが、3歳になった直後に無理を言ってこばと保育園で過ごす時間を1か月いただきました。1日2時間、リズム遊びに参加させてもらい、介助の方法を学ぶ毎日で、日に日に変わっていく娘を見て、「魔法のようだ!」と思いました。

金魚運動では、気持ちよくなるように背骨を揺らすこと、どんぐり運動では、しっかりねじること、ハイハイでは、体が床から離れないようにさせながらしっかり足の力で蹴ること。そして何より重要なのが、この3つの基本のリズム遊び、すべてにおいて足の親指をきちんと立たせること。

前園長城間先生の言葉で、「このリズム遊びは斎藤先生からの贈り物」とありましたが、本当にそうだと深く共感します。娘の変化はこれなくしてあり得ませんでした。

「このままここで娘を育てたい！」との思いは強くなり、無理を承知で園長先生をはじめ先生方にお願いしたところ、ひと月の期間延長を許して頂きました。

貴重なアドバイスがいっぱい

リズム遊びの介助だけではなく、娘への接し方も教えてもらいました。

・娘を立たせようとして体を持ち上げてしまう私に、「余計な手助けが、子どもの発達を邪魔している」。

・園庭でのリズム遊びの日に、なかなか外に出たがらない娘を扱いあぐねていると、「声かけをしっかりして、座ったら背中をさすってあげる」。

・娘が逃げるからと手を握りしめてしまう私に、「指を一本出して、子ども自身が握るように。手が離れないように親指そっと添える」など…他にもたくさんの指導の言葉をもらいました。

現在の私の課題は、「子どもは本来親を追うもの」と言うことが、まだまだ上手く消化できず、結局親が追ってしまっていて情けないので、もっと考えて行動出来るようにしたいと思います。

期限つきでお世話になる私達なのに、担任の先生方が生活面でもきちんとアドバイスをくれて、おかげで私達夫婦も少し変わることができた様な気がします。先生のおかげで、「自閉症だからしょうがない」とゆるくしていた部分を、あきらめずにやってみようと思うようになりました。現在、起床時間を朝8時までから朝6時までにと夫婦で協力し、ご飯を五分搗米《ごぶづきまい》にし、生野菜が多い食事をと努力しています。せっかく先生が教えてくれたことを無駄にしたくない一心で始めましたが、文字通り日に日に娘が変わっていくので面白くて仕方ありません。

2か月で娘は別人の様になり、斎藤先生のリズム遊びのすごさ、生活習慣の大事さ、そして何よりも親が学習することの必要性などを思い知らされました。

運動会という大きな行事も控えているため、やはりこれ以上は引き受けられないとなりましたが、勉強会などは参加してよいと学びの機会はいただいたまま、いったん以前の生活に戻ることになりました。

この機会にご無沙汰していたあおぞら保育園へ、メイの成長を見せに行きました。園長先生も支援センター担当の先生方も、メイの成長ぶりを驚きながらも本当に喜んでくれて、「こちらでもいま以上にリズム遊びに力を入れよう。」と園長先生ご自身が各先生に直接お話されていました。

療育センターでは、リズム遊びのことはちょっと理解されにくい感じでしたが、メイの変化にはやはりびっくりされていました。「公的機関である療育センターの先生方に斎藤先生の保育やリズム遊びを学んでもらえたら、もっともっと救われる親子がいるのに！」と思った私は、その後も午後のクラスの日は、療育センターに通い続けることにしました。

そして、11月の最後の水曜日、見学会の日にこばと保育園を再訪問し、担任の先生、園長先生とお話をして、「母子通園なら」と、3月末までの通園を許可していただきました。

「12月から3月末までの4か月も通える！」この日、娘が寝た後、久々に主人と乾杯しました。

毎日毎日繰り返すことの大切さ

ひと月ぶりにこばと保育園へ帰ってきた娘は、来られなかった間も、ちゃんと毎日基本のリズム遊びはやっていたのに、何だか昔に戻った様な感じです。私の言うことは聞かず、さーっと自分の興味の赴《おもむ》くままの行動。おかしい、こんなはずではない……と思い、劇的に娘が変わったあの二か月を振り返って、私が出来てないことはなんだろう？どうしたらよいのだろう？と悩みました。ひ弱な子は元に戻るのも早いとは聞いていたけど、ちゃんとリズム遊びもしてたのに？なぜ？どうしたらよいの？と答え探しの毎日でした。

あと一年こばと保育園にいられる！

そして、あっという間に月日は流れ、2017年3月。年度末が近くなり、再継続のお願いをしなくてはいけない時期になってきました。卒園式も近くなり、園長先生はいつも以上にお忙しくなるであろうと思ったので、お手紙でお願いすることにしました。返事はしばらく貰えなくて、やっぱり駄目なんだろうか……と思っていたその時、「一年だけなら」と入園許可をいただきました！これで娘を育てる環境は整えられた！あとは私の頑張り次第だ！

斜面登りでスッキリ

リズム遊びでは、毎朝「ハイハイ」をホール一周してから遊ぶ、というのを1学期間続けていましたが、いまいち変化が見られなくなった頃、ベテラン職員の方から、斜面に連れて行くことを勧められました。思っていた以上に斜面登りを嫌がり、しかも以前よりも下手になっている娘を見て、「そんなに嫌がるんなら、こっちの方が刺激があるかも？下手になってるし、これはやるしかない！」と思い、そちらに切り替えることにしました。

ハイハイもそうですが、足の親指にいかに力を入れさせるか、が肝心なんだなと改めて思うのは、斜面を登った後の娘はいつもより落ち着きます。

とても大事な言葉かけ

娘はまだ、トイレでおしっこができていない状態でしたが、ジャーとおしっこが出るたびに「おしっこでたねー。次はトイレでできるといいね。」と話してました。

それを聞いていた園長先生は「どうして〝おしっこよくでたねー、素敵だね〟って褒めっぱなしで終わらないの？」と。「次の話をどうしてするの？」と。「100点取ったその時に、次も取ろうね、と言われてるのを想像してみて。」と言われた時に、なるほど！全く褒められてない気分になるな、と思いました。言葉かけって本当に重要です。その日から一切次の話をすることなく、褒めっぱなしを心がけるようにしました。家族にも褒めっぱなしをお願いしました。

それからしばらくして、トイレに座るのも嫌がったり、座ってもおしっこなんて出なかった娘が、普通におしっこが出るようになりました。もちろん、最大限に褒めちぎりました！

生活リズムの安定

そして9月から、お昼寝をして午後のリズム遊びまでと、時間を延ばした母子通園生活に挑戦することになりました。睡眠障がいがあって、幼児園時代にはまったくできないに近かったお昼寝も、安定して出来るようになっていました。ただ、私が抱っこして、主人が運転するという形が一番早く寝付くので、主人にはお昼休みに必ず付き合ってもらい、寝たら家に帰ってお布団に寝かせるというのを続けていたので、みんなと同じようにお布団敷いてそのまま眠れるのか、かなりの挑戦でした。やはり最初の2か月は上手く眠れず、寝ないまま車に乗せるとすぐに寝てしまう、と言うのを繰り返していましたが、11月にはちゃんと寝られるようになってきています。よく眠れるからか、先生方には表情が穏やかになってるし、落ち着いてきているとよく言っていただきます。とても嬉しい変化のひとつです。

私が一番うれしいのは、娘が私に自分からくっついてきてくれるようになってきたことです。

また、以前は、こっちが「おやすみ」と言っても明後日《あさって》の方向をみて「おやすみー」と言ってた娘が、現在はちゃんと私の顔を見て「おやすみ」と言ってくれます。

娘は現在進行形で進化中です！

まるで魔法のような斎藤公子のリズム遊び

知れば知るほど、斎藤先生の保育方法を娘にしてあげたくなるし、0歳で知っていたら、……と考えると苦しくなるときもありますが、その思いをこれからにつなげたいです。

娘の成長はまだまだですが、診断されて以来、娘の将来がこんなにも明るく見えた日々はありませんでした。現在も、これからも努力は続けていきたいと思います。

こんな魔法のような保育方法を、どうして市・県・国すべてが必修にしないのか不思議なくらいです。少なくとも障がい児の療育にかかわる方すべてに勉強してほしいと思います。

２０１７年11月　記

＊現在、メイちゃんのお母さんも保育士免許を取得して、こばとゆがふ保育園の職員になった。

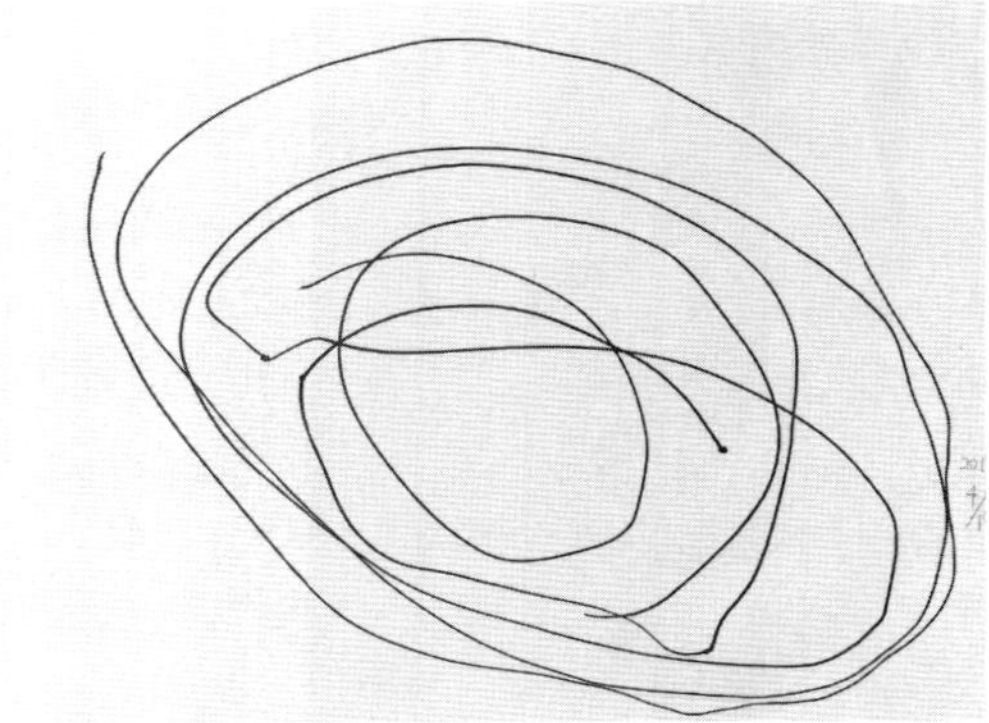

5歳7か月

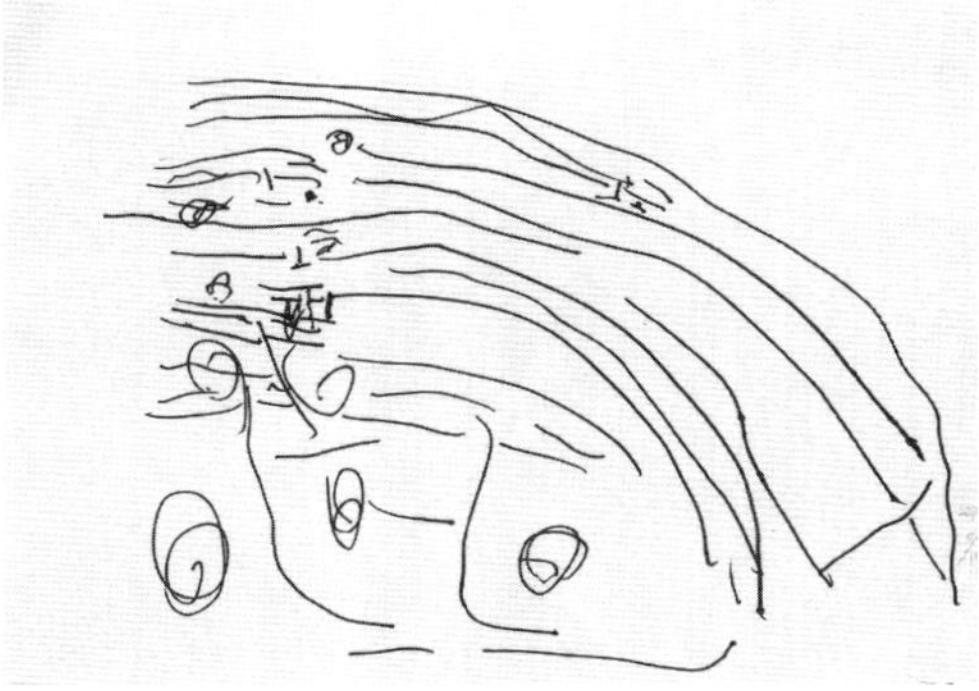

5歳8か月

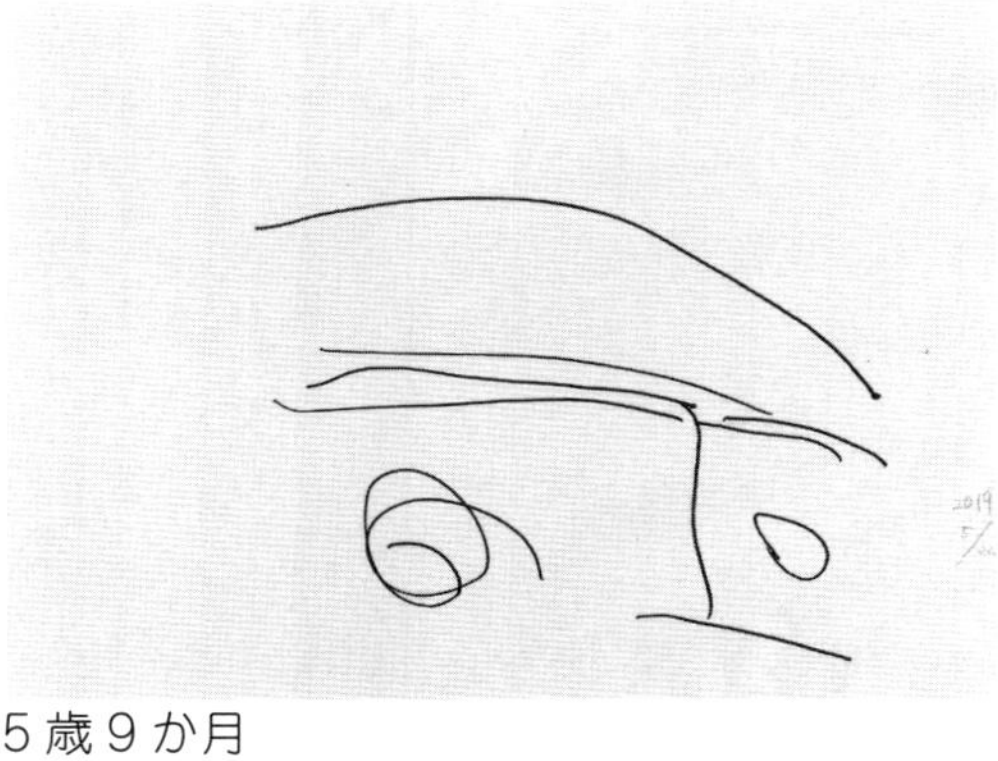

5歳9か月

藁《わら》にもすがる思いで

6か月で脳炎脳症にかかり、成長がリセットされた　ゆうとくん

母43歳（設計事務所）
妊娠8か月まで勤務
第二子（10歳違いの姉がいる）
２０１３年11月2日生まれ
体重３１２０g、身長47㎝
アプガースコア9点
妊娠期間39週5日、陣痛時間8時間45分
普通分娩　新生児低血糖症
7か月から月2回、１歳４か月から母子通園開始

斎藤公子のスケッチ

（ゆうとの母　記）

新生児低血糖

妊娠中は特に母子ともに健康上の問題はなく、家族立会いのもと普通分娩で生まれました。5日目に母乳の飲みが悪くて、新生児低血糖の疑いもあるということで、大事をとって大きな病院に搬送されましたが、新生児低血糖の方は数値的にはグレーゾーンということで、1週間NICUに入院して治療してから自宅に帰りました。

脳炎脳症でPICU（小児集中治療室）に！

生後6か月の時に、大人のかかる風邪のウィルスが脳に入ってしまい、脳炎脳症になってしまいました。4～5日は生死を彷徨《さまよ》うような重篤《じゅうとく》な状態になり、脳に大きなダメージを受けてしまったのです。

乳児なので血管が細くて点滴もできず、頸動脈から点滴を入れるような状態で、病院でなんとか生かされているというような感じでした。

命はなんとか持ちこたえてくれましたが、目を開けても斜め上に黒目が向いていて白目しか見えないような状態で「数日前まではあんなに元気だったのに……」という感じで一週間が過ぎてやっと一般病棟に移りました。

「もう これ以上病院でできる治療はありませんよ」

ＰＩＣＵ（小児集中治療室）と合わせて1か月の入院で、退院する時にドクターからは「ＭＲＩの結果では俗にいう脳室拡大という症状が起きています。おそらくなんらかの障がいを持って大きくなっていくと思いますが、それが運動面に出るのか、知能面に出るのか、両方に出るのかそれは今のところ分かりません。経過を見ながら育てていくしかありません。」と言われました。元気になって退院したというのでなく、病院ではこれ以上何も治療はできません、という退院で、それが生後7か月の時でした。

この子のためにしてあげられることならなんでも

そのことが起きる前に地元の認可園に入園が決まっていたのですが、この状態で他人に子育てを任せることはできないと思って、母とも相談して、仕事をお休みしてじっくりこの子にあった子育てをしていこうと決めました。

医療的な治療はもうできないと言われたものですから、民間療法的なこととか食事療法やアロマケアなど色々なことを模索していきました。もともと母乳100パーセントだったのですが、離入院と同時に断乳ということになってしまい、粉ミルクは嫌がってあまり飲んでくれなくて、離乳食を始める時期でもありましたのでまずは体によい物を探していました。「酵素味噌作りの講習」に参加した時に、そこに北谷《ちゃたん》公立保育園を退職された先生がいらしていたんです。

藁《わら》にもすがる思い

そのころはまだ、普通の人にはただおとなしい子とか、ただ眠っているだけと見えていたのですが、その先生は斎藤保育のことも知っている先生だったので、「この子どうしたの?」と声をかけてくれて、「西原町にあるこばと保育園だったら、きっとあなたの子育てに何かアドバイスをしてくれたり、力になってくれるはずだから、ぜひ訪ねてみて。」と勧めてくれたのです。

当時は元気に育っていたこの子が、まさか6か月でこんなことになるとは夢にも思っていなかったので、本当にどうしてよいかわからなくて、試行錯誤しながら、藁にもすがる思いでこばと保育園の見学会に申し込みました。

ここならきっとこの子は育つ

その環境を見て、保育方針を聞いて、「もしかしたらこういう中で育てたら、少しでもよい状態に育ってくれるかも知れない」という期待を持って母子通園を相談しましたが、「沖縄市から片道1時間、車で通うのはダメージを受けている子にとっては特によくないので、引っ越してくることを考えるように」と、園長に言われました。でも、生活の基盤がそこにあり、仕事のこと、持ち家であること、上の子のことなどがあってすぐに引っ越してくることはできませんでした。

2週間に一回の見学会には来ていいよと言ってくださり、その時に0歳児担任の先生から、まずは抱っこの仕方、マッサージの仕方、乳児に対するケアの仕方を細かく、こういう理由でこうなんだよという具合に、技術的なことだけでなく理論的なことも含めて教えていただきました。

抱っことマッサージで変化が

退院して3か月後の9か月の時にドクターに「MRIで見ると退院時には見られなかった小脳の萎縮がかなり進んでいます。この運動野の萎縮がこのまま進むと歩ける可能性はないかもしません。お父さんお母さんもそのことは覚悟しておいてください。」と言われました。

寝かしたらそこに寝たままビクとも動かない、お腹が空いてもオムツが濡れても一日中泣きもしない、声も出せない状態だったのに、2週間に一度こばと保育園で教えてもらうことを、お家で取り入れているうちに、以前にはなかった蹴る力や、ハイハイの力が出てきているのを実感していました。とにかくこの保育を信じてこの子を育てていこうと強く決心して、自宅で、目交《まなかい》（正面に抱いて目を見つめ合う抱っこ）とマッサージと金魚運動を来る日も来る日もやっていました。

12月までの4か月間で、まず表情が出てきて、あやしたら笑ったり喜んだり、泣き声は蚊のなくような弱い声でしたが泣けるようになってきました。

脳炎脳症になる前には寝返りもできて普通に成長していたのが、脳にダメージを受けてそれまでの成長がリセットされ寝返りもできなくなっていました。その寝返りが再びできるようになったのです。

春になったら母子通園ができる

12月の末に園長から「どうしてもこの保育で育てたいの?」と意志を確認されました。「はい、どんどん変わっていくのを目の当たりにしているのでどうしてもこの保育で育ててみたいんです。」と答えると、「1月、2月は寒く体調を崩すのが一番よくないから、3月になって暖かくなったら母子通園で通ってくる?」と言ってもらいました。

母も最初は保育園に入れることを大反対していましたが、目に見えて変わっていく孫を目の当たりにして、逆に保育園に入ることに賛成して協力してくれるようになりました。

主人も最初の見学会の時から一緒に参加してこの保育で育てることに賛同してくれ、一緒に自営業を営んでいるのですが、「仕事も家のことも二の次三の次でよいから、全力でこの子の保育を優先してやっていこう。」と言って協力してくれました。

生活リズムが大切

3月になって念願の9時から11時までの母子通園が始まりました。普通、母子通園は11時までで食事はお家に帰って食べるのですが、家まで1時間かかるので帰り着くと眠くて食事のタイミングを逃してしまいます。そうするとまた夜のご飯がずれ込んでしまうので、ちょうど中間位置にある実家に寄ってご飯を食べさせたりして工夫していました。それに気づいた先生方が、子どもの生活リズムを作るためにそれはよくないからと、食事までしていけるように配慮してくださいました。本当に生活リズムができてから、順調に成長していったように思います。

ゆうとが歩いた！

一番最初に歩き出したのはリズム遊びの時間でした。

その頃子どもたちの中で、壁にお店（スーパー）があると見立てて、そこに行って好きなものを買ってきてくれる遊びが流行っていました。1歳児クラスのお友達が「ゆうとのお母さん、何がいい？」って私にも聞いてくれて、「そうね、ゆうとのお母さんはバナナが食べたいな～。」って答えたら、「はいどうぞ。」って持ってきてくれて「ありがとう、あー美味しい！」って一緒に遊んでいたんです。

そばにいたゆうとがきっと、「自分も何か持ってきてあげたい」と思ったんでしょうね。最初は1ｍくらいだったんですけど自分で立って壁まで歩いたんです。もうびっくりして、嬉しくて、またゆうとが後ろ向きで歩いているうちに50㎝くらいずつ私が離れてはゆうとが戻ってきて、またそっと50㎝くらい距離を伸ばして……、気がついたら10ｍくらいの距離を歩いていた。1日の出来事です。

歩く能力はもしかしたらあったかもしれませんが、脳にダメージを受けていたので色々なところがうまく噛み合っていなかったのかもわかりません。一度歩き出すと早くて、言葉も出るようになったし、感情の表現も豊かになりました。

歩き出したら二語文が出た

歩き出す前から、こちらの話しかけることの意味を理解して、「うん」とか「ううん」とか答えるということは多々あったのですが、自分の方から「これがいい」とか、「こうしたい」とか、二語文、三語文が出てきたのです。

ドクターもかなりびっくりしていて、「病院では対処療法しかできないので、特に小児科においては病院の近くにこういった保育施設があったら育たない子も育つのにね。」と仰っていました。「だからお母さんが勉強してぜひ造ってください。」って冗談言ったりしていました。

リズム遊びで視力も回復してきた

目にも斜視と弱視の問題を抱えていて、眼科と小児神経科を3か月おきに交互に受診しているのですが、歩けるようになってこのリズム遊びができるようになったら視力も回復してきました。矯正のために8か月からメガネをかけていて、再三手術を勧められていましたが、リズム遊びを通して体を動かしているうちに、強い斜視があまり出なくなってきて、矯正視力で0・9まで出るようになりました。

ドクターも本当にびっくりして、「ここまできたらもっといい状態に成長できるはずだから、手術をしないで様子を見守ろう。」とおっしゃってくれています。

目だけではなく、からだ全体にリズム遊びを通して成長が見られるのを日々感じています。

病院では脳炎の炎症を止める治療を受けただけで、「変質してしまった脳や萎縮してしまった脳に、これ以上病院でできることはない。」と言われたのです。

「あとはリハビリや運動や生活を通しての、言葉かけや人との関わりを通してしか、この子を伸ばしていく手段はない。」と言われました。

目交、金魚運動、マッサージ、ハイハイ、斜面登りなど、〝斎藤公子のリズム遊び〟を毎日行うことで体が成長して、体が成長することで脳も成長するという、体と脳が繋がっていることをゆうとの成長を通して心から実感しました。

友達を見て自分もやりたくなる

また、私とゆうとが家で一対一で同じことをやってもこんな成長はできなかったと思うのです。周りに友達がいて、友達のやることを見て自分もやってみたくなって、模倣してできるようになっていく。集団保育の力はすごいものがあると思います。

私は長年、「保育園というところは親が仕事をする間、子どもを安全に預かってもらうところ」という認識だったんです。もちろん子どもにとってのそこでの安全性は考えましたけれど、親の都合による利便性で求めていました。でもいま、ゆうとの成長を通して、「違うんだ、保育園は子どもを発達させる場所だったんだ」とひしひしと感じています。

自分のペースで成長し続けるゆうと

半年かな？一年かな？と思って始めた母子通園だったのですが、長くかかりました。でも確実に成長発達しているのは感じていました。

最初は園庭の斜面の下からまったく登ってこられなかったのに、三分の一登ってこられるようになって、半分登ってこられるようになって、最後は上まで自分の力で登れるようになっていきました。

今、3歳8か月です。ちょうど初めて立った今年の3月にＤＱテスト（発達検査）をやりました。臨床心理士の先生が親と離した状態で、子どもの発達度を1時間くらいかけて調べるのです。この子の反応、手先の器用さ、物事の理解度、運動能力など色々なことを調べるのですが、その時には満2歳くらいの成長ですと言われました。

しかし、その時点で実年齢から1歳と4か月は遅れているということだったのですが、私にとっては歩けないかも知れないと言われたこの子が着実に成長している実感があるのです。

子どもが育つことはみんなの幸せ

あの時にこの保育園を教えてくれた先生に出会っていなかったらどうなっていたんだろうと思うと怖いくらいです。今のゆうとの発達はなかったでしょうし、もしかしたら障がいが固定してしまっていたかなと思います。今も発達の上では障がいということではあるのですが、本人の意思を聞くことができ、本人の嬉しい、楽しいという感情も聞くことができるのは、私にとっては、本当に嬉しいことなんです。それは家族みんなの幸せです。

斎藤先生は亡くなられましたが、先生の遺志を継ぎ、その真髄を守っていまも頑張っている保育園は全国にあると聞いています。そこから枝分かれして、一部の民間に限らず公共の保育の中にも取り入れられるようになったら、育たないと言われた子も育つようになるのではないでしょうか。

自分の子どもを見てしみじみ感じています。

２０１７年７月　記

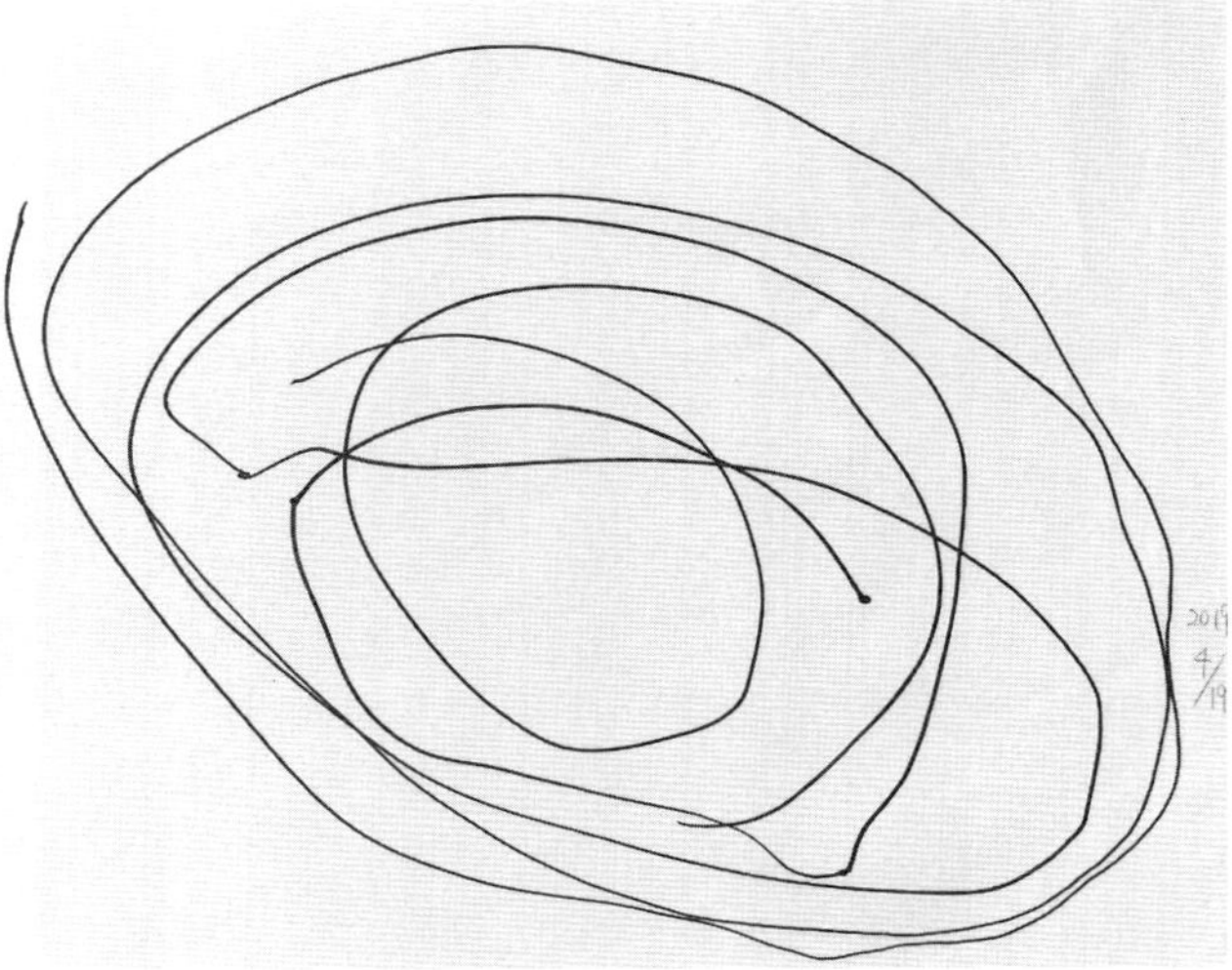

5歳5か月

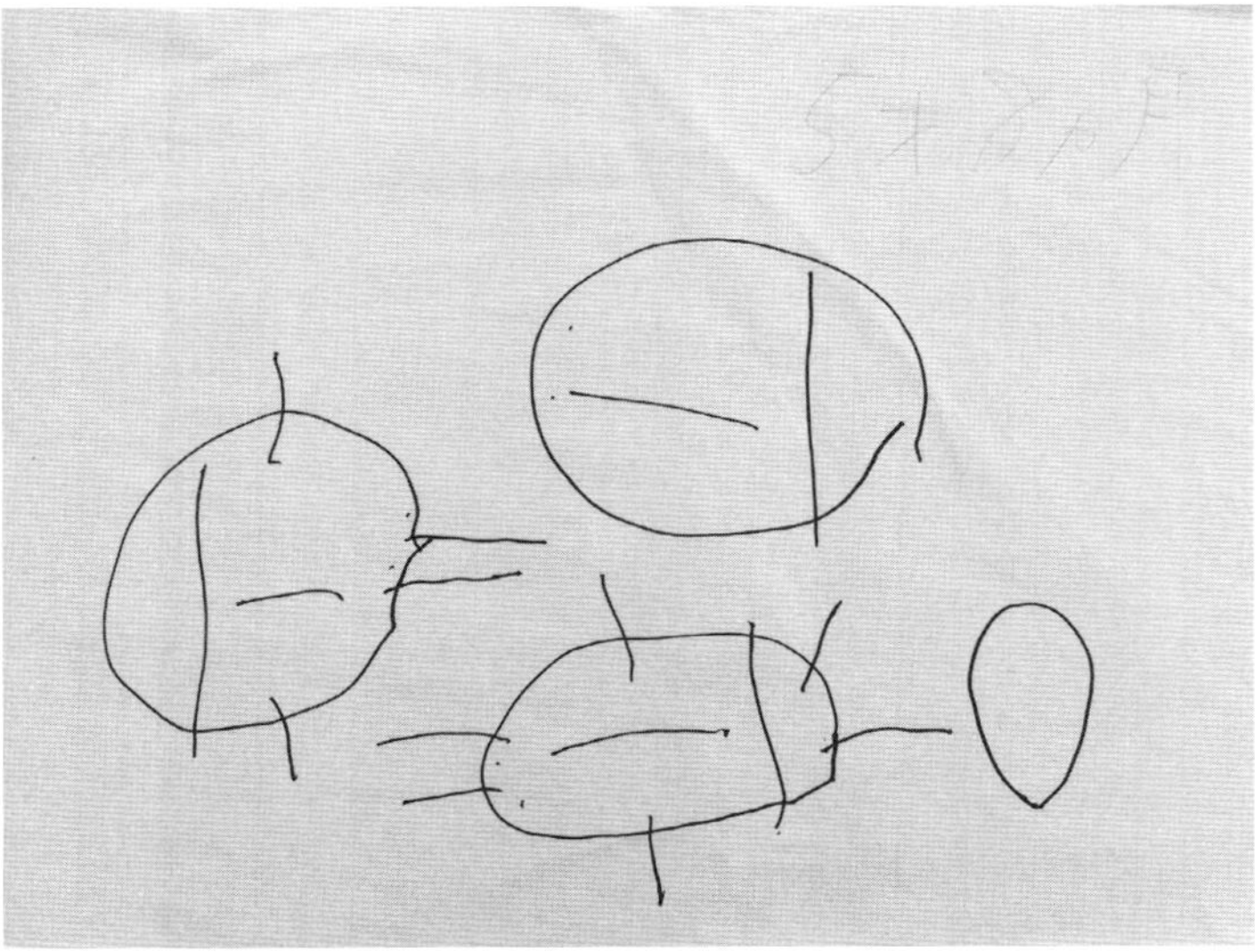

5歳8か月

「待つ」ということ

2歳8か月で広汎性発達障がいと診断された蓮《れん》くん

母29歳（教師）妊娠8か月まで勤務
第一子（2歳違いの妹がいる）
2007年9月11日生まれ
体重2818g、身長49㎝
アプガースコア9点
妊娠期間39週6日　陣痛時14時間
普通分娩
10か月から入園

＊子どもの名前は仮名です。

斎藤公子のスケッチ

私が年長だったころの記憶

（蓮の母　記）


30歳を過ぎた今でも、幼いころの記憶は一部ではありますが、鮮明に覚えています。

広大な敷地をトンビのように走りまわって遊んだこと、ウサギの小屋を掃除したこと。

畳の掃除の仕方を教わったこと、ヤギの出産に立ち会ったこと。

ぞうきんを縫うために、はりの穴に糸を通せたときの喜び。

縄跳びを編む三つ編みがうまくできて得意だったこと。

跳び箱の縦とびがなかなかできず、何度も練習したこと。

板に絵を書いてのこぎりで切り、荒馬を作ったこと。

のこぎりがとても難しかったこと。


すべて初めての体験で、すべてが新鮮だったため、強烈に覚えているのでしょうか。

私はこばと保育園の一期生でした。

運動会の時は、「みんな私を見て！すごいでしょ！」と本当に自信に満ち溢《あふ》れていました。

竹踊りや、竹馬、跳び箱、縄跳び、棒のぼり、鉄棒の逆上がり、側転。年長リズムは6歳という時期に本当に見事にマッチしており、体の基本づくりと心を鍛えさせてくれました。

逆上がりも、跳び箱も、できるようになるまで一生懸命頑張って努力しました。そして保育士はその気持ちを支え、できるまで待っていてくれました。その結果、"努力すればできる"という成功体験が大人になった今でも、私の原点にあるような気がします。

今まで多くの失敗や、うまくいかず落ち込んだことも数多くあります。その中でも、「なぜ失敗したんだろう」、「次はどうすればいいんだろう」、「今度はこうしてみよう」と、あきらめず挑戦しようという意欲が湧いてくるのは、もしかしたらこばと保育園で培《つちか》った、自信や喜びが関係しているのかもしれません。

蓮《れん》の誕生

私達夫婦はどちらも長男長女で、身内にとっても初めての子どもだったため、周り中からとても楽しみにされていました。妊娠中はつわりも強く、貧血ぎりぎりでしたが、自分では自分の体を健康だと考えていました。妊娠中それほど体重も増えることなく、もともと華奢《きゃしゃ》なせいか、妊娠している人には見えないと周りからも言われ、産休直前まで働きました。

予定日より一週間早く陣痛が始まり、14時間かけて蓮が誕生しました。泣き声も大きく顔つきもとてもかわいらしく、感動したのを覚えています。ただ、気になったのが吸い付く力が弱く、すぐに眠ってしまう点でした。私の母乳の出も悪かったのですが、口におっぱいを含ませたとたん、息子は寝てしまう状態でした。吸いつく力が異常に弱かったのだと、第2子を産んで初めて気づきました。

退院時には、生まれた時より体重が減るほどだったので、母乳とミルクの混合で生活がスタートしました。生後間もないのにとても世話しやすく、夜は10時間ほど眠り、夜泣きで起こされることもほとんどなく、朝はパチッと目覚めて声をあげて泣きます。泣き方もかわいらしく、小さな声でおっぱいを欲しがりました。病院の先生は夜泣きがないことに驚き、体重を増やすことを考え、夜中に一度起こしてからミルクを与えるよう保健指導をしてくださいました。

毎日夜中に目ざまし時計をセットし、母乳を飲ませようと蓮を起こすのですが、本当に熟睡して起きませんでした。揺り起こし、おっぱいや哺乳瓶をくわえさせるのですが、眠ったままミルクだけが口からこぼれていきます。しかたなく諦《あきら》め、昼にいっぱい飲ませるようにしました。

蓮は、1カ月検診で、やっと生まれた時の体重を超えることができました。そのころには通常は生まれたときの2倍になるのが普通なので、体重面では本当に心配の連続でした。

でも、その他は順調に育っていました。あやすとよく笑い、首の座りも適当な月数、目もしっかりと合わせ、呼ぶとこちらのほうを見ます。夜泣きもするようになり、体重も普通の子と同じような重さになり、成長曲線からはみ出すことなく標準範囲内。

私たち夫婦は毎日子育てを楽しんでいました。

乳児の時子育てしやすかったのは、蓮がとても弱く生まれ、大声で泣くエネルギーもなく、食べる力もなかったからなのだということは、後になって分かりました。

育児は大変……少しくらい楽をしてもいいよね？

私も、世の中の価値観や保育観に流される親の一人でした。

子どもが生まれた時、「どの紙おむつが赤ちゃんの肌にいいらしい」とか、「ベビースリングで胎児がお腹にいるときのように包み込みながら抱っこすると赤ちゃんが安心する」など、育児に関する情報を鵜呑《うのみ》みにし、すぐに実践していました。

「お母さんが子育てを楽しまないと」と、テレビを見ながら授乳していたり、楽だからと安易に紙おむつを使っていたり……。

本当は、乳児からのテレビの刺激は悪いということも、紙おむつはできるだけ使わないほうがよいということも、ある程度わかっていました。でも、子育ては大変！少しくらいは母親の私も楽してもいいよね……と。

眼振《がんしん》

私も小さい時から目が弱く、強烈な明るい日差しの中では涙が止まらなくなったり、疲れと緊張で眼振が出ることがあります。遺伝なのかは分かりませんが、蓮の眼球がチラチラ動き焦点が定まらないことがたまにあり、6か月検診で眼振と指摘を受けました。

琉大病院を紹介され、目の検査を2回ほどしたのですが、原因は不明ということで、様子を見ましょうということでした。

ハイハイがおかしい？

蓮が少しおかしい、と感じたのは腹這いのハイハイを始める6か月ごろでした。うつ伏せになっても足をばたつかせ、なかなか指先が床につかず、膝から先の足を上げていることが多いのです。キャッキャ笑いながら足をばたつかせているため、そのうち親指を床に付けるだろうと考えていました。

そして、8か月になるとお腹をつけてのハイハイ（擦りバイ）が上手になったのですが、やはり右足だけは足先が床につかず、左足だけでハイハイしていました。非対称なハイハイなので、とても心配して検診時にお医者さんに相談したのですが、「別に今はハイハイをしないですぐ歩き出す子どももいますし、このようなハイハイをする子どももいます。大丈夫ですよお母さん。」と言われました。

しかし、「しっかりと大地に親指をつけてハイハイをするのが赤ちゃんだ」と知っていたので余計に心配でした。市の保健師にも小児科の医者にも子育て支援センターの先生にも相談したのですが、「大丈夫ですよ、そんなに心配しないで下さい。発達の過程でこのようなお子さんもいらっしゃいます。」と言われたので、私の心配しすぎなのかと思いました。

わが子は本当に大丈夫なのかな……と、どこかすっきりしなかったのですが、なんせ初めての子育てで何もわからなかったため、それ以上なすすべがありませんでした。

そんななか、ドキドキしながらこばと保育園に電話をしたのです。

「この子はとてもひ弱だね」

蓮と二人でこばと保育園を訪ねると、保育園時代に私を育ててくださった懐かしい先生方が、温かく迎えてくださいました。

初めて母親としてこばと保育園に来たとき、素足で駆けまわる子ども達、ホールを元気いっぱい遊びまわる子どもたちを見て気持ちがいいと感動し、私はこの保育で育ったのだという、埋もれていたいくつかの記憶が蘇《よみがえ》ってきました。

城間（前）園長は、蓮が楽しそうにハイハイするのを見て、すぐに「この子はとてもひ弱だね」と指摘してくださいました。

「ハイハイは大事だから、いっぱいさせなさい」と。

また、「お母さんだけでは子育ては大変だよ。お父さんにもどんどん協力してもらうんだよ」と温かい言葉をかけてくれました。

「たくさんの保育園を見なさい。そのなかで、こばとがいいと思ったら、お父さんも一緒につれておいで」と。

いろいろな園を見て……

実は、こばと保育園に入れる時も本当は迷っていました。こばと保育園は自然保育でのびのびとたくましく育ててくれる分、親にも厳しく、それなりの覚悟が必要ということを私の母の姿を見て体験していたからです。

こばと保育園一期生の保護者であった母には、昔から〝こんな風に育てたい〟という信念があり、斎藤公子の本に出会った時に衝撃を受けたそうです。

そして、たくさんの本を読み、勉強会で映画「アリサ」[15]を観、埼玉のさくらんぼ保育園にも見学に行きました。

朝食をきちんとバランスよく食べさせたか、早寝早起きをさせているか、機会があるごとに保育園から教えられていました。

キャラクターグッズや玩具も家にほとんどなく、おもちゃも買いませんでした。テレビも見た記憶がなく、父がみせると怒ってばかりいて子育てにとても厳しい母でした。

私は母のような子育てに対する信念も厳しさもまったく持ち合わせてはいませんでした。

しかし、他の保育園を見て回った時、少し違和感を感じたのを覚えています。

複数の部屋によって年齢ごとに仕切られた保育園や、とても幼い時から上履き靴下をはかせ、園庭でも靴を履いて遊ぶ保育園。２歳児から文字や数・英語を教える保育園。

どれもこれだと思う園が見つかりませんでした。

やはりこばと保育園に入れたい

0歳児の保育料が高いことへの躊躇《ちゅうちょ》や、育児の不安もありましたが、夫にも見てもらい、できる範囲でいいからと協力をお願いしました。

また、私の父と母は私達夫婦に自分達の育児方針の押し付けはせず、二人で話し合って子育てをしなさいという姿勢でしたが、蓮を見て、「この子はこばと保育園がいいなあ。こばとに入れなさい。」と言っていました。

あの時、私がきちんと斎藤保育を親に聞き、親から学び、親指のそりや、ハイハイの大切さをもっと勉強していたら、もっと早くこばと保育園に通い始めたと思います。でもその頃の私は無知で親のいう子育ては時代遅れだと思っていた面もありました。

健康に生まれた赤ちゃんは、生まれた時から反射的に足の親指が反るものだとも知らず、その反応は次第に出てくるものだと勘違いもしていました。

最近の子どもは、足の親指の反りが出ないひ弱な子どもも多いということも聞いていたため、そこまで重大なことと認識していませんでした。蓮は、午前保育を経て、高這いが始まる前後の0歳10か月で正式にこばと保育園に入園しました。

熱も出しやすく、言葉もゆっくり

0歳児クラスに入った蓮は、楽しそうにしていましたが、月に1回、悪い時には週に1回は熱を出していました。本当に虚弱体質で、熱をだすと治りが遅く、1週間休むのが当たり前になっていました。そのため、0歳児は半分の日数くらいしか、保育園に通うことができず、おのずとハイハイも思う存分させてあげられませんでした。

他の子に比べると言葉の出はゆっくりでした。でも普通に笑い、遊び、高這いをし、順調でした。担任の先生に「いっぱい語ってあげてね。」と教えを受けたこともありました。保育園からの毎日の便りをめくると、蓮の元気な様子が伝わってきてホッとしていました。

私自身、仕事が忙しく、毎朝7時前には家を出るため、朝の保育園への送りは夫が、帰りは私の母や、夫の母が交代で迎え、私は夕飯やお風呂がすんだ息子を実家に迎えに行くといった生活を送っていました。

久しぶりの職場でやりがいも感じ、仕事量も多かったため、夫や私の母に甘えていました。0～1歳児の時に2回も肺炎で入院させたこともありました。その時もほとんど、実家頼みでした。母親の私があまり子育てに関われていないため、蓮の言葉の発達もゆっくりなのだと考えていました。

人間関係がリセットされてしまう

1才前後から、蓮の行動に「なんでだろう」と感じることが出てきました。あんなにケラケラ笑っていた蓮が、人前であまり笑わなくなり、にっこりとほほ笑むようになったのです。"高い高い"も恐がり、みんながキャッキャと喜ぶ親子遊びも嫌がりました。

人見知りや場所見知りも出てきて、いままで穏やかだった蓮が興奮して友達をかむことが始まりました。保育園は毎日通いなれているためか、担任からは「場所見知りや人見知りは全然ないですよ。楽しそうに遊んでいます。」と言われましたが、蓮が知らない私の知人や親戚の家にいくと、動かなくなり、表情が緊張しこわばってしまい、「ムッ！」とした怒った表情になるのです。

外ではいつも私の傍から離れず、じっとして一言も言葉を発しませんでした。他の子は楽しそうに遊んでいるのに、息子だけは仲間に加わろうとせず、ただじっとその場を耐えている感じでした。しかし帰りの車の中では、先程までのことは嘘のようにふだんの蓮にもどり、楽しそうに元気に動きまわり、話しかけるのです。私たちは蓮は極度の人見知りなのかな、と考えていました。

実家に行った時も、不思議でした。週に2～3回以上は訪れる実家なのに、祖父母との関係がリセットされてしまうのか、玄関の中にさえ入ることができず、怒った表情で一歩も動きません。祖父と祖母に声をかけられても返事もせず、目もあわせず、ただ、その場に固まって（または車の中で）動こうとしないのです。

祖母は対応が上手で、すぐに抱きあげ、さっと家の中にいれて、ご飯を食べさせたり、絵本を読んだりと慣れさせてくれました。そうしているうちに、1時間程かかってやっと普段の蓮に戻るのです。毎回その繰り返しでした。

こだわりが強くなって、事件がいっぱい！

2歳になると、癇癪《かんしゃく》も多くなり、こだわりも強くなってきました。

特に水に対するこだわりが強く、公園の水飲み場ではなかなかその場から動かず、いつも後ろには行列ができていました。お風呂も水遊びをやめさせるのが、毎日大変でした。

自我の目覚めとともに、子育てがしづらくなっていったのです。

声かけしても無反応だったり、親戚の家に行っても表情をこわばらせ私にくっついて離れなかったりすることが度々ありました。何か一つでも蓮の中で引っかかりがあると突然固まって無表情になるので、何が彼の中で思い通りにならなかったのか、私はいつも蓮の行動を観察していました。

蓮が2歳児クラスに上がるとき、クラスの部屋も担任も変わったため、家で落ち着かず、癇癪《かんしゃく》を起したり、ヒステリックな行動が多くなっていました。2歳児クラスに変わった3～4月あたりが、とても状態がよくなかったと思います。

進級式のリズム遊びの途中、蓮がおもらしをし、ズボンが濡れていてもそのままなので、担任の先生が、「蓮くん、着替えておいでー」と声かけをしたのですが、蓮の中では、リズムをしている途中で止めるのが嫌だったのか、パニックが起こり声掛けに従えず、顔を真っ赤にして怒ったような感じで動きませんでした。私は「あっ、始まった!」と思いました。

もう担任が何度声かけしても、「一緒に行こう。」と誘っても、泣いて拒否するだけです。お友達が鞄を持ってきてくれても、担任が着替えの介助をしようとしても聞かず、見かねた私がなだめて、パンツを変えさせました。一度、スイッチが入ると泣くのを止められず、また、声かけにも従えず、動けなくなるため、気持ちが落ち着くまで、様子をみるか、抱きあげて外に連れ出し気分転換させないと駄目でした。担任の先生は蓮との関係性ができるまでの最初の1、2か月は特に大変だったと思います。この頃に色々な事件が起こりました。

お昼寝の時の布団事件

蓮の布団とお友達の布団が似ていたため、一度自分のだと思って取った後、担任から「蓮のはこれだよー。」と言われたことでスイッチが入ったのか、絶対に離さなかったとのこと。お友達から「返してー。」と言われても返さず、最後はお友達が力で取り返すと、蓮はずっと大声で泣き続け、絵本の読み聞かせが終わってもみんなが寝るときになっても動かず泣き続けていたそうです。

最後は園長が着替えさせてくれ、寝かせたそうです。

給食の時のスプーン事件

昼食の時、お友達の目をスプーンでついたとのこと。危ないことなので、担任が注意し「謝ってね」と言ったが絶対に謝らない。ご飯は中断になり、謝るまで食べなくていいと言ったら、絶対に謝らず大泣き。時間がたっても折れないので、「後であやまろうね。」と言ってご飯を食べさせようとしたが、「食べない！」と言ってそのままお昼ご飯も食べず寝てしまったそうです。

おやつの時のだんまり事件

いつもちょうだいと言ってもらうおやつですが、その日は機嫌が悪かったそうです。「おやつ」も言わないで突っ立ったまま。先生が「ちょうだいっていわないともらえないよー。」と言っても固まったまま。しばらくしておやつ時間の終わりになっても動かないので、担任が「おやつ食べにいこう。」と誘っても無反応で、おやつを取ってきてあげても「イヤ！」といって絶対に食べなかったそうです。

お迎えの時の知らんぷり

保育園に迎えに行ったときに、リズム遊びや、絵本を読んでもらっている最中だったりすると、知らんふり。声かけしても無反応の時がありました。時には先生に抱っこされてきますが、嫌がって元の場所に戻ってしまいます。傍から見ると、リズムや絵本が大好きな行動だと見えますが、蓮の場合、何かをしている最中は途中でやめることができないのでした。

お迎えの時、公開保育や運動会の時などに、息子の顔を見て、「蓮〜!」と手を振っても声かけしても無反応の場合が多いので、寂しい思いをしたことが何度もありました。

遊びたいのに動けない

隣のアパートの子どもたちが道端で遊んでいたので、蓮も行きたがり、私の手を引っ張ってその場に着いたのですが、その場で顔も体も固まってしまい動けなくなってしまいました。みんなが声かけても、ボールを差し出しても体が動かず、顔はむっとした表情で手足も動きません。「いいよ、ありがとうね。蓮は見ているだけでいいんだって。」と、しかたなく私がフォローしました。「何もしないなら帰ろう。」と言って、手を引っ張るのですが、手だけは強く引っ張り返しその場から断固動こうとしません。

仕方なくこの状態で30分以上、子どもたちが遊び終わるまで二人でじっと、みんなが遊ぶのを見ていました。遊びたい気持ちはあるのに固まってしまう、という感じでした。

親子で毎朝ハイハイ開始

4月に担任の先生からハイハイをさせたほうがよいと言われ、私は二人目の育児休業中であったため、毎朝、「ハイハイ」をさせることにしました。4月後半から少しずつスタートしました。私自身、ハイハイの介助の仕方も全く分からなかったため、担任が丁寧に教えてくれました。

うつ伏せになり、膝を曲げて、足のかかとをおしりに近づけるようにグッと上げると、健康な子どもは親指の反りがでます。しかし蓮は親指に神経が行き届いておらず、反りどころか、親指が固くなっていました。反りを出させるおしりのツボ（ボイタ博士のツボ）も教えてもらいましたが、押しても反応がほとんどありませんでした。反応が出るまで頑張りなさいと園長から言われました。

「ハイハイやろうね。」と誘っても、蓮は首を横に振るばかり。私が見本となるようハイハイをしようとすると、わざとさせないように邪魔をします。仕方なく、強制的にうつぶせにさせ、私は足、先生は手を介助。大泣きしながらやっと10ｍほどやり、初日は終了しました。蓮の嫌がる力も強く二人とも汗だくになりました。園長が「弱い子はハイハイを嫌がる」といっていた通り、蓮はハイハイが好きではないようでした。

その日から、ハイハイをさせるための毎朝の戦いが始まりました。苦手なハイハイをやりたくない蓮と、絶対にさせなければと焦る私。ぐずったり、泣いたり、必死で抵抗を試み、全く動かず言うことも聞かない蓮に、褒めたりおだてたり、心を鬼にして厳しい口調で力づくでさせたりと、親子の関係にとっても、とても苦しい1か月でした。

「もっと素敵になるために、賢くなるために頑張ろうね。」と言っても聞いてくれず、蓮も泣き、私も悔しくて泣いたこともありました。

3週間後、担任がいなくても、なんとか私の介助だけで、ホールを一周（50メートルほど）できるようになりました。ハイハイで一周するのに他の子は5分でできるのに、蓮は1時間かかりました。

蓮に変化が！

ハイハイを始めて、1か月半たった6月頃、固かった親指の付け根の皮が裂けるように割れ、親指が少し柔らかくなってきました。それと同時に蓮に変化が起こり始めました。

保育園へお迎えにいくと、自分で私のところに来られるようになりました。絵本の途中でも、リズムの途中でも、先生の声かけで私のところに来られるようになったのです。

ニコッとはするけれどお腹から笑うことが少なかった蓮が、大声で笑うことが多くなりました。

まだ二歳児なのに、卵焼きを作りたがった蓮

蓮は卵焼きを作るのが大好きでした。

〈卵焼き〉は、蓮が自分で卵を割り、かき混ぜます。

蓮「油」

　というと私が油をひきます。

蓮「入れていい？」

　というと一回私が火を止めて、彼がフライパンに卵を流し込みます。

蓮「ひっくり返していい？」

私「泡ぶつぶつでてきたら教えてね。」

蓮「出てきたよ、いい？」

私「いいよ」

　蓮が自分でフライ返しでひっくり返します。

蓮「ママお皿は？」

私「はいどうぞ」

蓮「できたー」

　が、毎回の流れ。

　卵を割るのもフライ返しで返すのも最初は失敗していましたが、何回もやっていくうちに上手になって本当にきれいな卵焼きが焼けるのです。このことを担任に話すとびっくりしていました。

　でも2人目を産んで分かったことは、2歳児は卵焼きは作れないし、作らせるのはまだ早かったということ。しかも普通の子どもはまだそこまで一連した興味自体持たないということでした。

そして、ちょうどこの頃に蓮の卵焼きに関するこだわりがなくなったのです。

後日担任から、「火も使うのでまだ作らせるのは早かったんですよ。」と言われました。

保育検診で「気になる様子あり」と言われる

5月に保育検診があり、保育園と家での様子を担任を通してお医者さんに話してもらいました。「気になる様子あり。必ず3歳児検診を受け、相談して下さい。」という検診結果でした。

検診のあいだ蓮は1対1のお医者さんの声掛けに無反応で、ずっとうつむいたままだったとのことでした。そういえば、蓮は初めての人とは目が合わせられませんでした。

3歳児検診はまだまだ先だったため、いても立ってもいられず市の福祉課健康相談に電話をしました。発達心理カウンセラーもいるとのことだったので、蓮のことを電話で話し、診てもらうことにしました。当日は、初めての場所だったため、蓮は相談室の中に、入れませんでした。部屋にはおもちゃや絵本もあったので、それで気を引こうとしましたが駄目で、手を引っ張っても抱っこしても、中に入ろうとしませんでした。もちろん相談士とも目を合わせませんでした。

30分ほど経つと少し慣れてきたのか、抱き上げると、そのまま中に入りましたが、ずっと、後ろの本棚のほうを向いていました。私は家や保育園での様子を伝えました。カウンセラーの先生は医師ではないので、診断はできないとのことでした。しかし、お母さんからの要望があれば検査を受けるための医療機関を紹介できますとのことだったので、私は迷わずお願いしました。

この子の状態が普通なのか、障がいなのか、知りたくて検査を希望したのですが、障がいではなく一時的な人見知り・場所見知りであることを、私は願っていました。

「(16)広汎性発達障がいです」

子どもの発達専門の病院で検査を受けました。蓮が2歳11か月の時でした。家庭と保育園での状況説明をして、発達検査をしました。発語以外はほとんどでき、初めての人とも目も合わせられるようになっていて、成長を感じた瞬間でもありました。

これならもしかして大丈夫かも……と思いながら1週間後、蓮と二人で病院を訪れました。知人から「1回目では判断されないよ。様子を見ながら慎重に判断していくし、しかもグレーゾーンと診断されることが多いよ。」と聞いていたので、今日は子どもの様子を観察するだけだろうと思っていました。しかし予想に反して、医師からは「蓮君は発達障がいです。」とすぐに診断されてしまいました。

その時のショックを思い出すと、今でも胸が苦しくなります。「発達障がいかもしれない」と思いつつ、「違っていてほしい」と願っていただけに、この診断の早さに愕然《がくぜん》としました。とても私一人で耐えきれる結果ではなく、夫と一緒に来なかったことをとても悔やみました。あふれ出てくる涙をこらえきれないまま医師の説明を受けました。

蓮はアスペルガーと高機能自閉症の中間あたりで、幼いため詳しくは診断できないが、どちらもひっくるめて「広汎性発達障がい」である。知的には障がいは見られないが3〜4歳と1歳前後の脳の発達状態が混在している。このようにアンバランスの部分があるのが特徴であると。

「治るんですか？」

これが私の第一声でした。医師からの答えは、「いや、一生治りません。発達障がいは病気ではありませんから。環境や状況によって、特性が強く出たり、弱まったりすることはありますが。」ということでした。私の中では「治らない」といわれたことが非常に衝撃的であり、二度も谷底に突き落とされたような気持でした。

アンバランスな発達

発達障がいとは簡単にいうと、社会性の欠如、もしくは弱さです。

・うまく自分を伝えられない。
・相手の気持ちを読み取れないし、想像するのが苦手。
・場の雰囲気を察するのが苦手で理解しづらい。
・脳の発達にアンバランスな部分があり、人によって特性は千差万別であるが、蓮の中で大人びた部分（お手伝いができる大人びた部分）と1歳児の心（バイバイをしないなどのコミュニケーションの幼さ）が混在している。

発達テストの結果も、他人の気持ちを汲んだり、状況を理解するなどの、社会性の部分がとても弱くアンバランスで、だからなぜ怒られているのか、なぜ友達が怒るのか、相手の気持ちを推し量ることが苦手、ということでした。

だから、リズム遊びの途中で声をかけられても場の状況を察することができないため、そのまま続けたり、固まったり、無反応だったりするとのことでした。「一つひとつ見本をみせ、丁寧に教えることが必要で、怒って注意するよりも成功体験が重要となる。」と言われました。

「お母さんは、蓮くんをどんな子に育てたいの？」

診断を聞いて、「やはりそうだったのか……」という思いと、「なぜ蓮が……」という思いで涙がとまりませんでした。電話で夫に状況を報告しましたが、二人とも沈黙が続きました。どんなにこらえても涙は出てくるので、落ち着くまで時間がかかりました。

保育園のお迎えの時担任の先生に、蓮の診断結果を報告したのですが、その時の場面がとても印象的で、今でもはっきりと覚えています。

「蓮はやはり発達障がいでした」。冷静に努めようと努力しましたがこの言葉をいいながら、私は涙があふれてきました。しかし、担任の口から出た言葉は私の予期していたものと違っていました。「お母さん、泣かないで下さい。蓮くんが見ていますよ。お母さんがここで泣いたら、蓮くんが不安がります。お母さんがしっかりしないと駄目ですよ」。その言葉にハッとさせられ、横を向くと、確かに「どうしたの？」という感じで蓮が不安そうにしています。その言葉で涙も止まり、背筋がしゃんとした気がしました。

翌日、担任に聞かれました。

「昨日は、蓮くんの前だったので、あえて厳しいことを言いました。私はお母さんの気持ちを全部は理解してあげられないけれど、あとはお母さんの気持ちしだいだと思います。おかあさんは、蓮くんをどんなふうに育てたいのですか？」その時の私は、斎藤公子の本もほとんど読んでおらず、担任の質問の意味が理解できませんでした。「えっ……普通に小学校に入り、友達と仲よく遊べるようになってほしい……」。その時の私は、そんな程度の考えしか、持っていませんでした。「それだけですか？」「！……？……」

そのあとのやりとりはほとんど覚えていませんが、その時はなぜ、どういう意図で急に先生はそんなことを聞くのだろうと思ってしまいました。その時期の蓮は、こばと保育園以外の子どもとは関わりを持つのが困難で、園の友達とも毎日のようにケンカをし、時には押し倒したり、たたいたり、かんだりすることが度々ありました。

私は、「蓮は普通に小学校に入学して友達と仲よく関わり、先生の言うことを理解するのは厳しいだろう」と感じ、不安になっていました。もしかしたら普通学級には通えないかもしれないとさえ考えていました。

藁にもすがる思いで療育園へ

そんな中、市の保健師からも連絡が入り、「蓮くんと似たような症状のお子さんや身体障がい者を、保育園や幼稚園に通えるまでの期間受け入れている療育園があるので、一度行ってみてはどうか。」と勧められました。市独自の療育手帳があり、それをもらうと入園できるとのことでした。ただし、母子通園で午前12時までということでした。

蓮の症状をなんとかしたいと思っていた私は、こばと保育園に相談しました。園長が「お母さんが納得するまでやってみたらいいですよ。」と言ってくれたため、こばとでのリズム遊びの時間が減ることを気にしながらも、週に2回市の療育園に通うことにしました。私の頭では最近の療育は進んでおり、医者が治らないと言っていたことも改善できるのではないかと期待して、藁にもすがる思いでした。

週2回の安らぎ

療育園の主な一日の流れは、朝の会までは自由に遊ぶ。その後朝の会で歌をうたって、手遊びをする。日によって楽器を体験させたり、部屋中に豆を敷き詰めて感覚を楽しませたり、水遊びをさせたり、人形劇をしたりという体験が中心でした。そして月に1～2回病院の療法士や発達心理カウンセラーが訪問するという体制でした。ここで私が感じたことは、どの子もそれぞれ個性的で、それぞれのリズムで動いているということでした。

蓮の状況もみんなが知っているので、私自身が周りに気を遣わなくていいという安心感に包まれました。身体の一部が個性的な子ども、楽しそうに走り回り続ける子ども、それぞれがそれぞれに動いていて、蓮はただ動かないだけ。そんな個性を認めてくれて、私が安心してしまいました。他の親からの視線も気にしなくていい。変わっている子と思われなくていい。職員も小さなことでもすぐに優しく聞いてくれるし、うなずいてくれる。

他のお母さんと話すことで、それぞれが抱えている悩みも私と同じなのだと思うと心がほっとしました。週に2回、私は療育園にいくのが心のよりどころとなっていた気がします。

子ども同士の関わりのなかで成長する

ただし、蓮にとってよかったかは疑問が残りました。朝の会から帰りの会まで、ほとんど私のそばにいて、身体を動かすこともなく、午前中を過ごしています。慣れるとミニカーやボールやおもちゃで遊んだり、楽器体験や水遊びをし、人形芝居をじっと見たりして楽しそうでしたが、私の中で何か物足りない感がありました。

知的障がい者と身体障がい者をひとくくりに同じ課題に取り組んでいることへの疑問がありました。歩けない、お箸を手で持てない子にやり方を指導していましたが、蓮は歩けるし、お箸も持てます。ただ、社会性が乏しいだけです。

しかも母親とずっといることで、親子の関わりだけに偏っているような気がしました。子ども対《たい》子どもの関わりがとても少ないのです。

おもちゃの取り合いになっても、すぐにその子のお母さんが「だめでしょ、返しなさい。ごめんなさいねー。」と介入してしまいます。

社会性が弱い蓮は、私と、限られた一部の優しい職員だけとのコミュニケーションになってしまいました。それでも蓮は自分は何もしないのに楽しいらしく、人形劇も好きで「今日は療育園だよ。」というと、「療育園行く。」と目を輝かせました。

蓮に落ち着きがなくなってきた

そんな中、こばと保育園の担任から「蓮くん、病院に行きだした時くらいから興奮している感じですね。声も大きいし、よく動きまわります。」との声がありました。

〝いいのか悪いのか……でも自信はついたみたい。保育園でも甘えん坊になっているらしい。一人で着替えができなくなった。先生の手をつないで引っ張ってきて一緒に着替えるという。あと、トイレもできなくなったらしい〟と、当時の8月の日記に記してあります。

こばと保育園では、リズム遊びなどで楽しく体を動かしながら、子ども同士の関係を育んでいました。しかし、療育園での蓮は、ほぼ大人との関わりのなかで、静かに過ごしていたのです。その両極とも言える環境の違いに、蓮の脳は興奮し、ストレスを感じていたのだと、今振り返るとわかります。

蓮はそのため、病院で検査を受けたあたりから、描く絵⑰に髪の毛が3本出始めました。

1歳児に戻った蓮

またある時こんな悩みを担任に相談したこともありました。2歳半過ぎからちょっと目をはなすと、粉ミルクやふりかけをわざとこぼしてまき散らし、手でぐちゃぐちゃにするのが始まりました。トイレットペーパーを全部ひっぱりだし、トイレをペーパーだらけにしたことも。

保育園の担任は「小さいころ、そういう経験が少なかったのでは？　子どもというのは段階を踏んで発達するので、何かをやらないで過ぎると、たまに戻って行う場合があります。蓮くんも、いま、その段階に戻って、しっかりとやっている時期なのでは？」とのことでした。

確かにそうでした。蓮は皿洗いや掃除などのお手伝いが好きでした。よく1才前後でやると言われているまき散らして、それを手足を使って触れて遊ぶことはしませんでした。担任は、「その時期は必ず終わりがきます。ただ、片づけはきちんとできるので一緒にさせてください。」と言われました。

蓮は体が大きくなっている分、やることも大きく被害も激しく、私はよく叱っていました。台所を水浸しにし、足でべちゃべちゃにし、楽しそうにしていたり、靴箱の靴を全部アパートの外に放り投げてみたり、アパートの外の廊下中に積み木をまき散らし、拾っては投げ、拾っては投げ、キャッキャと喜んでいました。いたずらがいつも度を越していました。しかも一度やるととことんやるので、なかなかやめず、エスカレートしていったり、ずっとやり続けるため終わらせるのが大変でした。許容範囲はどこまでかをいつも夫と討論になり、私も夫も我慢できず、怒鳴ってしかることもたびたびありました。私もどこからが駄目で、どこまでだったら許せるのか感覚が分からなくなり、疲れることが多かったのです。

今ふりかえると、その頃の蓮は、水の感覚、手足の感覚、五感の刺激を楽しんでいた気がします。普通の子が1歳で行うことをゆっくりとじっくりと3歳前に始めていたんだと気づかされます。

母からの一言

9月に入り、私の母に、蓮と一緒に療育園へ何回か行ってもらう機会がありました。母は、「運動会も近いし、下の子も預かるのも大変だし、もう療育園は卒業しなさい。」とだけ、言いました。

私にはその言わんとしていることが、母の気持ちが痛いほど分かりました。同じ境遇・悩みを持つ保護者にとって、この園は居心地がよく、自分に勇気をくれる居場所でした。

職員も「お母さん大変でしたね。」と優しく共感してくれました。時折、職員に目を濡らしながら蓮の状況を話し、私の気持ちをすっきりさせていました。子どもの小さな成長が見られると、「今日は一緒に〇〇したねー」「朝の会で先生の手遊びのまねができたねー」と、一緒に喜ぶこともできました。

しかしながら、それに甘えているだけでは、その子どもにふさわしい発達は望めないことにもだんだん気づいてきていました。

この場所は蓮のためというより私のためであり、蓮のためにはこばと保育園のもとで一貫した保育をすることが大切なのだとわかってきたのです。

私の気づき

こばと保育園の担任から紹介されて購入していた『さくら・さくらんぼの障害児保育』も読み終えたころでした。『100人のアリサ』なら知っていましたが、それは健康な子どもだからだと思い込んでいました。

この本を読んだとき、親の姿勢で子どもは変わることを初めて知りました。私の方針がこばと保育園と療育園で揺れていたら蓮も育たない。この本に登場する保護者は、子育てに手間暇をかけ、面倒なことをやっていました。私は、「こばと保育園に預ければ大丈夫、たくましく育つ」と、そんなのんきな態度でした。

勉強会にも下の子もまだ小さいからという理由で、ほとんど参加したことはなく、園の卒園生だからこばとのことはある程度知っている、と勝手に思い込んでいました。斎藤保育の素晴らしさ、そして厳しさをほとんど知らず、勉強もしていなかったのです。

自分がこばと保育園の卒園生であることと、子育てをすることはこんなにも違うのか、と痛感した瞬間でもありました。

こんなに「斎藤公子のリズム遊び」に科学的な奥深い意味があることも知らず、早寝早起きや食事がこんなに重要だとは思っていませんでした。

母の「卒業しなさい。」という強い言葉にはっとさせられました。

夫婦の決意

11月に引っ越すことをきっかけに、療育園を10月いっぱいでやめることにしました。何度も引き止められ、人のいい職員だけに胸が痛みました。ここの職員はこれが子ども達にベストと信じ、一生懸命頑張っている訳ですから、詳しいことはあまり言えませんでした。ただ、私の心の痛みを和らげてくれたのは事実であり、楽しかったのもまた事実でした。多分、母の言葉がなかったら、ずるずる2つの園を行き来し、蓮のストレスはもっと大きくなったに違いありません。

11月最初の週、こばとでは運動会が雨で流れ、急きょ公開リズムになりました。ぎりぎりで行ったため、蓮は知らない人がいっぱいいるホールになかなか入れませんでした。私にくっついてばかりで、リズムも拒否して泣きます。担任がやろうと誘っても、私が一緒にやろうといっても、頑《かたく》なに拒否し、固まって担任のいうことも聞かない状態でした。仕方なく私だけやろうとしますが、ぎゃーぎゃー追いかけて激しく泣きわめきます。これは私もやってはいけないというサインなのです。あまりの激しさにその場にいるのが恥ずかしくなるくらいでした。結局ほとんどできず終わり、夫とともにとても反省しました。

この反省を活かし、次週の運動会は集合1時間前に登園。雰囲気になれさせました。その結果スムーズにリズム遊びに参加できました。大勢の中での緊張もそれほど見られず、普段の蓮の姿を見せてくれました。この日の成功以来、私たちは行事の日は1時間前行動をすればうまくいくということを学びました。

夫の協力

4月から「ハイハイ」をさせていましたが、それ以外にも担任から足をよくつかうようにと言われていたので、土日はよく散歩をしたり、自然にかかわらせたりと意識的に私たち家族は動くようになりました。一軒家に引っ越すことで、蓮の癇癪《かんしゃく》も泣き声もアパートの隣に気を遣わなくてよかったのが幸いで、しばらくそのままにすることもできました。道の向いは公園で、すぐに遊ばせることができ、蓮にとってはアパートの時よりのびのびできたと思います。

夫も協力してくれるようになり、小さな畑にジャガイモや玉ねぎを一緒に植えたり、土いじりを意識的にやってくれました。庭は蓮がいろんな所に穴をほり、綺麗な庭とはいえませんでした。畑の土を芝生にまき散らしたり、掘ってほしくないところに穴を掘ったりします。そのため、周りの家は庭もきれいにしているのに、わが家だけは草が生えたり、でこぼこしていたり、赤土の川ができていました。

隣人は蓮の行動をみて、しつけがなっていないと思っていたかもしれません。よく庭中水浸し、蓮も私もびしょ濡れ、もしくは庭が泥団子でいっぱいだったからです。しかもなかなか終わらず、声かけも通じず、私が怒ってもやめずにずっとしている訳ですから。

両親が変わったら子も変わる

2月、担任の先生に、蓮がすごく穏やかになっていると褒められ、保護者勉強会でも「伸びている。」「賢くなってきている。」と褒められました。それはこばと保育園の毎日のリズム運動や朝のハイハイの成果、そして友達との関わり、自然との遊びの中で成長したものです。

私の日記の最後に「この1年ですごく伸びたと思うこと」と書いてあります。

・人前での緊張がなくなった。
・初めての人とでも少し話せ、遊べるようになった。
・笑顔がよく出る。
・おしゃべりが上手になった。

・怒るとそれを理解して謝れる。

怒濤《どとう》の一年

私は育児休業中だったので、診断を受け、療育園にも行き、斎藤公子の本を読み、ハイハイをさせ、蓮との関わりも深めることができました。この時期を逃していたらと思うと、本当にぞっとしています。蓮の日記をつけることができたのもこの1年だけでした。

こばと保育園の先生方が発達異常を適切にアドバイスし、連携を取ってくれたこと、特に「お母さんが納得いくまで好きなようにしたらいいさあ。」と送り出してくれたおかげで、自分のいままでの甘さに気づき、蓮を受け入れる準備・覚悟ができたと思います。

担任の先生も多々我慢していた部分もあったと思いますが、私が自分で気づくまで待っていて下さり、それでいてここぞという時にはしっかりと子育ての甘さも指摘してくださり、学ぶことが多い1年でした。

一歩進んで二歩下がる

3歳児クラスは担任の先生が変わりましたが、部屋の移動はなかったため、4月は順調でした。私も仕事が始まり、蓮に関わる時間は育児休業中に比べ、半分以下に減りました。しかも、3

歳児クラスからは先生からのお便りがなく、子どもから直接聞くことになります。蓮は保育園のできごとをほとんどしゃべらなかったので、蓮がどういう状況なのか、まったくわかりませんでした。お迎えもいつも遅くなってしまい、クラスの他の保護者と会うのも、月に1回の勉強会のときくらいでした。

お迎えの時に「今日も蓮が意地悪した。ここかまれたー。」と饒舌《じょうぜつ》な女の子たちが蓮のことを教えてくれました。毎日というほど「ごめんねー。」といって謝っていました。担任は「大変よー。でもみんな大変だから似たりよったりよー。」と慰めのような意味深な言葉をよく言っていました。子ども達は先生のもとで、のびのびとケンカもいっぱいして過ごしているようでした。

3歳児クラスの時は、〝一歩進んで2歩下がる〟という表現のとおり、成長が後退することも多く、それは絵にも表れていました。2歳児クラスの時に出てきていた人間の絵がまったくなくなり、殴り書きが多い時がほとんどでした。

蓮の場合、テレビを少しでも見せたり、夫の実家で流れるラジオをずっと聞いたりすると、影響がものすごく強くでました。イライラが治まらず、下の子にあたったり、癇癪を起していました。しかもそのストレスはしばらく消えず、保育園で描く絵にもすぐに表れてしまいました。

また、人前や人ごみに行っても笑顔で普通に振る舞えるようになってきていたのですが、疲れるらしく家では荒れました。

蓮にはまだ早すぎた

夏、人形劇は大丈夫だろうと思い、劇団四季の「長靴をはいた猫」の券をもらったため連れていきました。すると思った以上に音響も大きく、大魔王の登場場面も迫力がありすぎました。本人はとても楽しんでいたのですが、後日、担任に言われました。「お母さん何か見せたんですか。蓮くん最近ずっと落ち着きなく、興奮状態ですよ。同じ歌を繰り返してずっと歌ってばっかりいます」。劇中で流れていた歌を一か月以上ずっと歌い続けるわが子に、一度見せただけの劇がこんなにも敏感な子どもには影響を与えてしまうのだと驚いた出来事でした。

また、高校生のダンスの発表会があって、蓮を預かってくれる人がどうしても見つからず仕方なく連れていきました。重低音が鳴り響き、光と音が予想以上に強く感じました。刺激が強すぎたのか、2か月以上落ち着かず、泣きわめく、指示に従えないということが続きました。

夫の母親がよい体験だからと、プラネタリュームに連れて行った後も、家でヒステリーや癇癪が起こりました。美術館やエイサーを見た後も同じようなことが続きました。

3歳児クラス、4歳児クラスの経験で、蓮には普通の子どもがしているであろう経験はまだ早いということが分かりました。

「有害なものから子どもを守ってあげるのが、親の役目ですよ。特に蓮くんにはまだ早いのです。子どもは自分ではまだ身を守れないのですから。」という担任の先生の言葉が胸に響きました。

「人間になってきたね」

4歳児クラスの終わりに近づいてきたころだったと思います。

園長と担任と話す機会があり、「今日は初めて、泣きながら〝ごめんなさい、ごめんなさい〟と言って、後ろからずっとついてきたよ。もういいよ、わかったからって言っているのにずっとついてくるんだよ。蓮くんは今まではこんなことはできなかったし、悪いことしてもなかなか謝りに来れなかったんだよ。蓮くんがどんどん人間になってきたね。」と、言われました。

「人間になった」という言葉は、私にとっては最高にうれしい言葉でした。最近、発達障がい者のことを書いた本に、「宇宙人」という言葉が使われることがありますが、本当にぴったりな言葉だと思います。時折意思疎通ができず、衝動的に突飛な行動をするわが子ですが、「人間になってきた」ということは、コミュニケーションがとれる人に成長してきたのです。

その頃は保育園のことも話してくれるようになり、友達との衝突もなくなり、かんだり押し倒したりすることも卒業し、女の子たちからの評判も安心して聞ける内容が多くなってきました。

園長先生からは「蓮くんはお母さんを選んで生まれてきたんだよ。〝このお母さんなら育ててくれる〟と思って、子どもは親を選んで生まれてくるんだよ。子どもは親を成長させるんだよ。」という言葉を何度もいただき、実際その通り、無知だった私は子どもを育てるとはどういうことかを学び、蓮のおかげで少し成長できたように思います。

年長さんの時

4月から雑巾《ぞうきん》がけが本格的にスタートしましたが、蓮は体も固く腕の力もまだ弱く、みんなの半分くらいしかできませんでした。

本当にこの1年で去年の年長さんのように、縄跳び、跳び箱、逆上がり、コマ回し、まりつき、登り棒など、多くの課題をクリアできるのか不安でしたが、楽しみでもありました。

1つ1つ大きな壁を乗り越えることで、蓮の成長を感じました。そして蓮との関係を楽しめるようになった私自身の成長も感じました。

夫婦で話をし、とにかく応援しようということで一致しました。そのために、早寝早起きの徹底、とにかく1日も休ませたくないという思いでした。

先輩ママがいろいろとサポートしてくれ、相談にも乗ってくれました。「わが子だけでなく、みんなで子どもたちを育てていきましょう。」という雰囲気が年長さんの保護者にありました。とても素敵な集団でした。

「雑巾縫い終わったよ。あとは誰々がまだ。」「今日跳び箱したよ。ぼく跳べたよ。」など、毎日少しですが話をしてくれるようになり、とてもわが子の成長を感じました。ゆっくりでしたが、すべての課題もクリアし、あっという間の一年でした。

もちろん、行事前には癇癪や暴力が出た時もありましたが、保育園では激しいケンカもなく比較的穏やかなほうだということで、家と社会との区別ができてきたようでした。家ではイライラを見せてよい場所だとわかったらしく、私ととっくみあいの激しいケンカも何度もありました。

4月の時点では跳び箱も側転もまったくできなかった蓮が、たくましく、堂々と運動会・卒園式でリズム運動をし、跳び箱・逆上がりをする姿に涙がとまりませんでした。

特に卒園式はわが子が最高に格好よく、本当に誇りに思いました。「蓮、ここまでよく頑張った！よくぞ成長した！」と。それくらい堂々と返事をし、証書を受け取り、リズム運動でも足の指先まで神経が行きわたった、しなやかな側転を見せてくれました。

去年までの絵は、ぐちゃぐちゃで何を書いたかわからない時や、イライラが出た髪の毛のある人を書いていた蓮が、今ではしっかりと地平線を描き、大地に足をつけ、友達もいっぱい描けるようになり、素敵な配色の色塗りまでも見せてくれました。

年長さんは、注意されながらもみんなで見事に成長できた一年でした。

園長先生に、「まだ蓮は話している時、言葉は返すけれど、ちょっと違った言い方をすると、途端《とたん》に言葉が詰まって黙ってしまう時がある。目をかけて大切に、大事に育ててね。」と言われ、よく見ていて下さっているなとありがたく思いました。

「目をかけなさい」「丁寧に育ててね」は私が幾度となく言われた言葉でした。その度にできていない自分を振り返り、夫と家族会議でした。

小学校1年生

蓮の障がい名は入学前検診の時に伝えてありました。入学式は念のため、前日にお願いして、体育館やクラスを見せてもらえることになりました。蓮だけでなく何人か、一緒に見学しました。蓮は緊張して一言も口をききませんでしたが、先生の話に耳を傾けていました。

入学式当日は、教室でも、式でも堂々としていてとても順調で、しっかりと先生の言葉に耳を傾けていました。クラスは配慮なのか、こばと保育園卒の女の子2人と一緒のクラスになり、そのため蓮はとても安心し、すぐにクラスになじめたようです。

初めての授業参観でも、手を上げては前に出てきて発表し、みんなから拍手をもらいました。顔は緊張していましたが、意欲的に授業を受けていました。

家庭訪問の時には、「障がい名がついているとは思えませんが本当ですか」と逆に質問され、嬉しく感じました。掃除も係りもとても頑張っているようで、先生のお手伝いも進んでやり、友達に優しく、クラスの男の友達もちゃんといて、全体的に非常にバランスがとれているとの知らせに、母親として胸をなでおろしました。

夏休み前の2者面談では、「こばと保育園で育った子ども達は勉強もスポンジのようによく吸収していく。」とおっしゃってくれました。確かにたった四か月で平仮名を全部マスターし、カタカナも書け、読めるようになっているわが子を見て、「早期教育の不必要性」を確信しました。

幼児期に必要なのは、その子の発達段階にふさわしい、心と体の土台作りであることを身を持って体験しました。

ただ、家では1学期の間、成長が後退し荒れていました。家では1日30回以上、ことあるごとに何でも「バカ・バカたれ」と言う日がつづき、妹を執拗に追い掛け回し、意地悪ばかりしていました。泣き虫になっていた時もあります。私をたたいたりつねったりする行為も出ました。どんなにやめさせようとしても、叱っても効き目がなく、学校で必死に頑張っていることが伝わってきました。「そんなによい子でなくていいのに」と思いました。

園長にさりげなく聞いてみると、園庭（こばと学童保育の砂場）でストレスを発散しているとのことでした。

今、すべてにおいて一生懸命頑張っているため、次の課題は、学校でも緊張せず、自分を出せるようになることだと思っています。親としてできることは、常に見守り、まだ蓮には早い有害なものから守り、常に行動を受け入れたうえで対応していくことだと考えています。

こばと保育園を卒園して

育児はこれで終わったわけではありません。これからが本当の戦いになると思います。今まではこばと保育園で守られてきました。これからは、テレビやゲーム、スマートフォンやコンピューターなど、私たちの時代とは違う情報化社会の中で生きていく子ども達が、正しい選択ができるように、親が導いていかなくてはなりません。こばと保育園では蓮の土台を作ってもらいました。

これからやってくる困難にも、悩み、涙しながら家族で戦っていく自信をもらいました。

蓮がここまで育ったのは、こばと保育園そして、夫と家族、実家の父母、同じクラスの子どもたちとその保護者のおかげです。特に保育士とわが夫には本当に感謝しています。

最初は「俺はやらないからな。」と言っていた夫も、だんだんとテレビを消し、朝の散歩や早寝早起きを手伝い、畑作りも率先してやってくれました。私が蓮の行動に我慢できなく苦しくなった時も交代し、後で愚痴を聞いてくれました。

発達障がいは治らないけれど、生き方は変えられる。この信念のもと、これからも悩みながらも子育てを楽しんでいきたいです。

蓮が発達障がいであると診断された時、担任にどんなふうに子どもを育てたいかと質問された時、私は答えられませんでした。今なら自信をもって答えることができます。

「自分の足で生きていける、自立した人間に育てたい」と。

次の世代の親へ

こばと保育園は、「ただ預けていれば大丈夫、安心」という保育園とは違う保育園です。

預けていても親が子どもについて勉強せず、斎藤保育について勉強しなければ、せっかく園で育っている子どもの成長を妨げることにつながってしまいます。どんなに保育士が頑張っていても、親の意識が変わらなければ、その子どもの成長の伸びは止まったり、スピードダウンしてしまいます。

私自身、「預けていれば安心だ。それほど努力しなくてもいい」という甘い考えのもとわが子を入園させました。しかしそれでは子どもの可能性を奪い、普通の保育園に預けるよりも、子どもに残酷なことをしているのだと身を持って気づかされました。

園と家庭が一体となって同じ方向を向いていないと、子どもはどっちに向いてよいか分からず混乱し、ストレスを生じます。幸い蓮は、途中で私たち夫婦の決意により、こんなに成長をとげ、夢に見た小学校に、支援なく入学することができました。

斎藤保育は、未来に向かって生きる力の土台作りだと言われています。興味・意欲・関心は乳幼児期の体と心の成長がしっかりと伴って初めて持続します。幼い時期の成長が生涯にわたる生きる力となっていくのだと実感しました。

最後に

私は最初、蓮の発達障がいを公表するつもりはありませんでした。診断を受けた時からずっと、同じ蓮のクラスの保護者にも親戚にも言えませんでした。重すぎて自分自身受け入れるまで、時間もかかり、言えば涙があふれてしまうといった状況でした。私は障がいをもった子の母親として同情されるのと、偏った目で見られるのを恐れていました。

しかし年長さんとして頑張っている蓮を見て、また一緒に親として頑張っているうちに、こばと保育園のおかげでこんなにもわが子は成長したんだ、変わったんだということを知ってもらいたいという気持ちになっていったのです。

一つひとつの課題を克服していく姿をみて励まされ、息子の障がいを口に出せる勇気をもらいました。

また、蓮が行うリズムや歌、次々に行う6歳児の課題を見るたびに、私の年長だった記憶も掘り起こされることが多く、幼児期の再確認と感動の1年でした。人はよく昔のことは覚えていない、忘れたと言いますが、それはしっかりと記憶の掘り出し作業が出来ていないだけだそうです。私の場合も、覚えていないと思っていた保育園時代の細かな記憶が歌やリズムで掘り起こされ、「ああ、ひろみ先生があんなこと言っていたな」とか「清美先生が鯉を見せて、さわらせてくれたな」など、記憶がよみがえるときが度々ありました。

年長児の記憶がほとんどで、ただ楽しく、ひたむきに取り組んでいた課題一つひとつに、これほどの深く大切な意味があったんだと、いまごろになって気づかされました。そして斎藤保育にあらためて感銘を受け、自分を入園させてくれた母に感謝しました。

自分の過去にこんなにも誇りと自信をもったのは初めてでした。他の保護者に比べ私だけ、2倍得した気分です。今の私の6歳の記憶は、他の誰よりも鮮明になっているのではないでしょうか。

私には特に心に残っている歌があります。卒園式の「一つのこと」は、職員が最後に送り出す際に歌ってくれる歌です。子どもたちは歌いませんが、私は幼心にこの歌がとても心に響いて「なんてカッコいい歌なんだろう」と思っていました。

初めて親になってこばとの卒園式に参加した時にこの歌を聴いた瞬間、鳥肌がたち、昔の記憶がよみがえりました。その時の感動は忘れられません。なんて素敵な深い歌詞だったのだろう、先生方にこんな素敵な歌を贈ってもらい私はなんて幸せだったと、心から思いました。

2014年4月

一つのこと

作詞　斎藤喜博／作曲　丸山亜季

いま終わる　一つのこと
いま越える　一つの山
風渡る　草原《くさはら》
響きあう　心の歌
桑の海　光る雲
人は続き　道は続く
遠い道　はるかな道
明日登る　山を見さだめ
いま終わる　一つのこと

跋

跋「すべての方々に感謝を込めて」

大城 清美（小規模保育事業こばと保育園・園長）

今では考えられないことでしょうが、私が短大を卒業した1981年頃の沖縄では、保育士や幼稚園教諭の資格をとっても、保育士の仕事はほとんどなく、みんなの憧れの職業でした。当時、三つ子の魂百までと言われるそんな責任ある仕事に就こうとは思っていませんでしたが、なぜか那覇市内の認可保育園に採用され、皆から、「よかったねー」と言われる程でした。

勤め先で研修に出してもらい、斎藤先生の講演を聞くことができました。「保育の世界には、すごい人がいる！私もこんな素晴らしい先生に育ててもらいたかった」と、あまりのすごさに感銘を受けて帰りました。

ところが縁は異なもの、1978年にこばと保育園を開園していた姉（城間清子）が、障がい児の保育を模索するなかで、斎藤先生に出会い感動し、先生の保育をとり入れ出したのです。「斎藤先生の元で学んでこないか？」という姉の誘いに、「あの先生の元で学べるのなら」と意を決し、1982年に埼玉県深谷市の先生の元へ一年間実習をお願いし、学ばせてもらいました。

当時、先生の創設された「さくら、さくらんぼ、第二さくら」の三園合わせて100名程の職員の学習会で、私を紹介してくださいました。

先生は沖縄のことを語り、「沖縄の人にはとても申し訳ないことをした。」と話し、「沖縄を返せ」

を皆んなで歌ったのです。私はとてもびっくりすると同時に、ますます先生の優しい人柄に魅了されていきました。

それまでの職場では、化粧をして、きちんとした服装で登園してくるように言われていました。そして、毎日トイレをクレゾールで消毒して帰る私の全身から、いつも消毒液の匂いがプンプンしていました。ところが、斎藤先生の元では、「子どもが先生の顔を触ったら毒だから化粧はしないように」と言われました。

先生は、リズム遊びの時に子どもに合わせてゆっくり走っていた保育士に、「全力で走りなさい！」と注意しました。そして、風のように走り抜け、子どもの頭を越えて高くジャンプする男性保育士のカモシカのリズム運動に、私はびっくりし感動しました。

鼻水を出している子がいると先生は持っている紅型や花柄の素敵なハンカチで鼻を拭いてあげていました。時計を持つように言われましたがリズムをする時には危ないからはずように言われました。戸惑いの連続でしたが、なぜそうするのかの意味がわかると、「やっぱりすごい保育だ」と納得することばかりでした。

その頃は毎週水曜日の夜は保育士の学習会、保母学校があり、丸山亜季先生による歌の指導、斎藤先生による「世界の名作」や「ギリシャ神話」、絵本の語りなどの文学の学習会、井尻正二選集を学び、弁証法や自然科学の学習をしました。リズム遊びの指導は斎藤先生が行いました。

ある寒い冬、ホールが汚れているのを見て、「綺麗にしてからリズムをしましょう」と言われて、寒い中、靴下を脱いで、冷たい水に痛みを感じながら雑巾掛けをしたのが、今では楽しい思い出です。いま、こばと保育園を訪ねていらした方から、「ホールが綺麗ですね」と言っていただけるのも、この時の経験があってのことなのです。先生に教えられたことは他にもたくさんありますが、語っても語り尽くせません。

たくさんのことを先生から教わった一年はあっという間に経ち、沖縄に帰ることとなりました。映画「さくらんぼ坊や」の世界をこの沖縄に創りたくて、斎藤先生に学びながら、1984年4月より5歳児保育を始めました。わずか3名から始まった年長保育も今年（2019年）で35年。458名の子ども達が、こばと保育園を巣立って行きました。

無認可保育園の経営は大変ですが、こちらの体制さえ整えば、この保育を求めてくる親子に地域を超えて手を差し伸べることができます。こばと保育園を創設した城間清子は、あかりちゃんの卒園を前に体調を崩して倒れてしまい、歩けるまでに回復しながら再び倒れ、車椅子生活になってしまいました。経営の大変さは三姉任せで、私は園長を引き継ぎ、あかりちゃんの担任になりました。そのクラスは赤ちゃんから来た子が多く様々な弱さを持った子がいました。自閉症の蓮くんや、てんかんの子もいましたが、卒園までには薬も飲まずにすむほどになり、実にありがたい保育です。撮影の人が来るとずっと泣き続ける子もいれば、この本の表紙を飾る女の子も、その時のクラスの仲間です。

当時あかりちゃんの成長記録を撮影に来ていた穂盛文子さんから、下のクラスの新くんや、メイちゃん、葵ちゃん、ゆうとくんの育ちも一緒に紹介してほしいと言われました。新くんは2019年3月に年長保育を卒園しましたが、他の3人はまだ保育の途中でしたので本にすることをためらいましたが、保護者の了解もあり、みんなのためになるのならと思い、紹介することにしました。

　無認可保育園では障がい児を受け入れても公的援助はなかったので、新くん、メイちゃん、葵ちゃん、ゆうとくんも、あかりちゃんと同じように母子通園をしてもらい、子どもを育てて来ました。おかげさまで子ども達も育ち、母親の中には保育士や調理師の資格を取り、いまは、こばと保育園の職員となって頑張っている人もいます。

　斎藤先生が好きだった歌、「畑に町に」のように、善き人々が集まり、私は、とても幸せです。

　２０１６年に西原町からの認可を受け、０、１、２歳児（18名定員）の小規模保育事業こばと保育園の園長になりました。いろいろ迷いましたが、四二年間続けて来た認可外こばと保育園を閉園しました。

　そして長年お世話になった西原町の子ども達にこの保育を返したいと願った三姉・譜久里《ふくざと》安子《やすこ》が、２０１９年４月、こばとゆがふ保育園を開園し、新たな道を歩み始めました。認可外のこばと保育園は町外からの子どもも多く、その子達が認可園に移行できるか心配しましたが、町の計らいで希望する子ども達をみんな新しい認可園に受け入れることができ､とても感謝しています。子どもが育つことはとても素晴らしいことです。まわりにいるすべての大人達を幸せにしてくれます。

　こばと保育園の保育の実践が、少しでも子育てで悩む人の助けになり、希望になれたらと考えています。

保育はとても大変な仕事ですが、とても誇りある仕事です。

どうぞ多くの方々が、この保育に関心を持ち、広がっていったらよいなと思っています。

斎藤先生の計らいにより、２００７年に沖縄で小泉英明先生の講演会を開催することができました。そして、『生物の進化に学ぶ乳幼児期の子育て』の本が発刊されました。

今年２月（２０１９年）、小泉先生は以前おっしゃった「続きは次回に」のことば通り、再び来沖し、斎藤先生の生誕百年の記念講演をしてくださいました。

たくさんの人にお世話になり、今のこばと保育園があります。

少しでも恩返しになればと引き受けたあかりちゃんの撮影。こんな素敵な形にしてくれた穂盛文子さんに感謝です。いつも支えてくれた、さくら・さくらんぼ保育園や姉妹園、沖縄の仲間や友達、父母や職員、家族のみんなに支えられ感謝です。

ＤＶＤブックの中で、斎藤先生の写真や文章、映像をたくさん紹介できるのも、ご子息・佐藤幸紀さんご夫妻のご協力あってのことです。この場をお借りして、心より感謝申し上げます。

『斎藤公子のリズムと歌』（かもがわ出版）にも掲載されていますが、どんな困難な時にも自分を見失わない限り希望だけはなくならないという、斎藤先生の文章「ジャン＝ジャック・ルソーとパンドラの箱」は、何度読んでも新たな感銘を受ける、私の大好きな文章の一つです。

最後に紹介して筆を置きたいと思います。

「ジャン・ジャック・ルソーとパンドラの箱」

ジャン・ジャック・ルソーは、1762年、つづけて2つの名著、『社会契約論』『エミール』を刊行し、その書き出しにこう書いている。(『ルソー全集』白水社、による)

…人間は自由なものとして生まれたが、しかもいたるところで鉄鎖につながれている…

…万物の製作者の手をはなれるときすべては善いのに、人間の手にわたるとすべては悪くなる…

このルソーの言は、今から220年余前のものである。・・・(中略)・・・

科学の追求は、本来、人間のより幸せのためにあるべきはずであろう。それなのに、今や、核をはじめ、人間遺伝子に重大な損傷を与えてしまう強い毒性の化学物質を、人間自らの手でつくり出し、そして使い、この宇宙の中でかけがえのない生物の楽園を恐ろしい世界へと変えてしまいつつあるのだ。そこで私は、長い人類史からいえば200年は一瞬にすぎないであろうに、もうあの名著を書いたルソーと全く反対の言を書かざるを得なくなってしまったのである。

…人間は、すでに胎内において重い鎖につながれ、外界に出づるとき、〝不自由〟〝不平等〟を背負って生まれ出る。しかし、この人間の不幸の原因に目をすえ、その原因をとりのぞくために手をつなぎ、手をつくし、闘う大人たちによって育てられるとき、どの子にも〝希望〟の光がみえてくる… と。

ここで私は、またしてもギリシャ神話の1つを引用したくなる。「プロメテウスとパンドラ」の章である。プロメテウスについては前にも他の本に書いたことがあるが、絶対的権力の神といわれたゼウスに反抗して人類の味方となり、天にのぼって太陽の火を自分の炬火に移し取り、それを人間に与え、文明と技術をもたらしたために、その刑罰としてゼウスにより、峨々《がが》たるコーカサスの岩山に鎖でつながれ、ハゲタカがきてプロメテウスの肝臓を食べても、すぐそのあとから新しく肝臓ができ、永劫《えいごう》につづく苦しみを与えられた巨神族の1人と書かれている。

プロメテウスがゼウスの王位の安全に関する秘密を知っていたため、それをゼウスに告げ、したがいさえすればすぐにも許す、という使いが来るが、プロメテウスはそれを拒み、彼は不当な苦しみに対する剛気《ごうき》な忍耐と、圧制者に反抗する意力の象徴とされている。

パンドラは、プロメテウスの弟、エピメテウスの妻としてゼウスより贈られた者である。プロメテウスは弟エピメテウスに、そのゼウスの贈物には注意せよと忠告したが、あまりにも美しい女であったため、エピメテウスはその贈物を受け取ってしまった。ところが、パンドラは、絶対にあけてはならぬといわれた1つの瓶をあけてしまったのである。すると、その瓶の中から、おびただしい災いが外に出てしまったのであった。肉体的なものでは、痛風とか、リューマチとか、疝痛《せんつう》とかいったようなもの、また精神的なものでは、嫉妬とか、怨恨《えんこん》とか、復讐とかいったものである。そしてこれらは世界のすみずみまで広く散ってしまったのである。パンドラはあわてて蓋をしようとしたが、間に合わなかった。それでも、ただ一つ、底のほうに残ったものがあった。

それが〝希望〟であった――という話である。

湯浅芳子氏訳の『ギリシャ神話』のこの話のつづきにはこう書いてある。

――今日に至るまで、私たちがどんな災難に逢って途方にくれているときでも、希望だけは決して私たちを見すてない意味がこれでわかるでしょう。

同時に私たちが希望を失わない間は、如何《いか》なる不幸も私たちを零落《れいらく》させつくすことができないわけもわかるでしょう…　と。

１９８９年2月１９日記す、斎藤公子

２０２０年、斎藤公子生誕１００年を迎えます。

長い間、たくさんのことを教えてくださり、私たちを育ててくださった斎藤先生に心より感謝し、この保育を広めるお手伝いができるのならと、この本を編むことにしました。

これからは私が知っている斎藤先生のお話や保育をもっと語って行きたいと思っています。


この本を手にとってくださったご縁に感謝いたします。

ありがとうございました。

２０１９年11月11日

1990年度 こばと保育園卒園記念　　平成3年3月

遺稿

乳幼児の無限の可能性を拓く

斎藤公子（さくら・さくらんぼ保育園創設者）

オランダの女の子が見せた奇跡

10年ほど前の話です。重度の脳障害を抱えた1歳にも満たないオランダ人の女の子トスカとその母親が、埼玉県深谷市の私の保育園を訪ねてきました。障害児保育で少しばかり知られるようになった私の名前を、誰かから聞いたのでしょう。それにしても遥かヨーロッパから海を渡って来る人がいるなど考えてもみないことでした。

会ってみるとチューブで鼻から栄養を補給し、食事を摂ることはおろか、目もほとんど見えない状態でした。私はこの親子にしばらくここに留まるよう勧め、彼女たちもそれを受け入れました。

詳しくは後述しますが、私の保育は床に仰向けになって魚のように体をクネクネと左右に動かす「金魚運動」や、イモリのように床を這って歩く「両生類のハイハイ運動」などが特徴です。これらの動きを音楽に合わせて行う「リズム遊び」により健常児ばかりでなく、障害のある幼児までもが心身ともに元気になる様子を私は目の当たりにしてきました。しかしトスカの場合は運動できる状態ではありません。

まず、目が見える状態にしたいと考え、私は向き合うようにしてトスカを抱きました。左手はトスカの首を支え、右手を腰に当て目が合うようにしたのです。そして「トスカ、トスカ」とやさしく呼びかけながらクルクル回ってしまうトスカの両目が私の目と合うようになるまで気長に揺さぶっていると、ついに目が合い、ニッコリと微笑むようになりました。そして、おっぱいを吸う力もないと言われてきたのに、二か月ほどでミルクを飲むようになったのです。

しかし第二子を妊娠中だったトスカの母親はやがて、トスカを連れて帰国。しかも両親は忙しくてトスカに十分構ってやれず、自宅の二階に寝かせっぱなしにしているというのです。このままではトスカの可能性は拓けない。そう思った私は自費で三回オランダに出向き、一日中トスカのそばにいて歌を歌ってきかせ、寝返りや金魚運動をさせました。

そして下の子が十か月になった頃、一家は再び来日。私の元でトスカが二歳十か月になるまで生活したのです。

トスカは私がお世話した多くの障害児の中でも、強く心に残る一人です。いつ発作を起こすか分からない重度の脳障害児を私の責任で受け入れたのですから、生半可な覚悟では務まりませんでした。一家に自宅を提供し、私は近くのトタン屋根の家に移り住みました。

海外から日本に来て治療を受けるには、公的資金の給付は受けられないため、私がすべてを肩代わりしました。しかもすでに七十代半ばだった私は、肉体的疲労が重なり、いつ倒れても不思議ではない状態でした。それを乗り越えられたのは「トスカの仕事は自分の最後の務め」という一念があったからだと思います。

そのトスカも現在十一歳。（注：斎藤公子がこの文を書いたのは2006年）オランダへ帰る前、ある優秀な小児科医の協力で、鼻に挿入されていた、薬や栄養剤を入れるチューブを抜き取り、口から食物を摂ることを教え、幸せな毎日が送れる元気な女の子に成長しています。重度の障害児であったことを考えたら、医学の常識では考えられないような劇的な回復を見せているのです。感激した両親は、現在私の療育法を取り入れた施設をオランダに開設し、同じような病気を抱える家族のための相談や支援に当たっておられます。このように私のユニークな教育理論と実践は国内外で注目され、いまや国内に多くの姉妹園ができるまでになりました。

自然の中で体当たりの保育

保育園を運営するようになったいきさつをお話ししましょう。

私は戦後すぐ布製の玩具をつくる仕事に従事していました。私の玩具は花森安治さんに認められるなど好評で、三越や高島屋で展覧会をしたり、子育て中の母親が読む月刊誌『こども部屋』の表紙に一年間掲載されたりしました。

その後フィリピンからの引き上げ孤児の施設で保育士として働いていた私に、深谷市のある方が「深谷には一年保育の幼稚園しかない。名の知れた斎藤さんを招いて学習院に負けない保育園をつくりたい」と声をかけてこられました。私は考えた末、その園に移ることにしたのです。

ところが、移ってみて驚きました。六百坪ほどの広大な縫製工場の跡地と建物を活用した保育園に、職員は私ただ一人でした。それでも私は自然の中で園児と一緒に歌ったり、泥んこになって遊んだり充実した毎日を過ごしていました。

その頃から私は園児の行動を抑えることはしませんでした。たとえ私を呼び捨てにする子がいても、それは親しさの表現として喜びました。問題がある子は本人を叱るのではなく、その原因となる家庭環境などを知り、それぞれに応じた対処法を考えるようになっていきました。

しかし、そういうやり方が園長には気に入らなかったのでしょう。「躾《しつけ》も満足にできない」との理由で私は解雇されてしまいました。すぐさま保護者の間から「斎藤先生を辞めさせないで」という声が上がりました。新しい保育士が来たものの、園児は誰も園に行こうとしないというのです。保護者達は園長と掛け合って復職を求め、やがてその動きは自分たちで近所の田んぼを借り、廃材による小さな保育園を建て私を招こうという話に発展しました。何とか深谷に引き止めたい保護者達の熱意に打たれて、私もそこに腰をおろす決心をしたのです。

これが現在の「さくら保育園」の始まりです。昭和二十九年の開園以来、さくらんぼ保育園、第二さくら保育園と園の規模は大きくなりましたが、創設当時の職員は手伝ってくれた女性と私の二人のみ、文字通り園児との体当たりの毎日でした。

転機となったある男児との出会い

開園六年目、私は園の近所をいつもうろついている一人の幼児が気になっていました。通りすがりのひとに悪態をついたり、明らかに心が荒《すさ》んでいたからです。

「おばさんち、すぐそこだけど、遊びにこない?」

声をかけると、その子はすぐについてきました。しかし夕方になっても帰ろうとはしません。たまたま探しに来た母親が連れて帰りましたが、可哀そうに思った私は、その子を園に通わせるよう母親を説得しました。

その子の奇行が目立ち始めたのは園に通うようになって間もなくです。目を離した隙にマッチで枯草に火をつけようとするのです。火を放つ理由は家庭を訪問することで分かりました。父親は「この子は本当は墜ろすはずだった。生まれないほうがよかった」とあからさまに私に言い放つのです。そして何かの話のはずみに、いきなり口調を荒げたかとおもうと、そばにあったマッチ箱を取り出して火をつけ、その子の手を焼こうとするではありませんか。母親があわてて止めようとしましたが、私はいたたまれず、その子を負ぶって園に連れ帰り、預かることにしました。二月の寒い時期だったのを覚えています。

奇行を理由に小学校入学も一年間の就学猶予となりました。私は園の経営のかたわら一日の休みもなく、その子と向き合う二十四時間保育を続けました。

半年ほどした頃、母親が訪ねてきて、私に感謝の言葉を述べながら「一週間だけ自分の家に連れて帰りたい。その間は先生にも休みをとってほしい」と言いました。本人の精神状態は安定し、私も名古屋に行く予定があったので、母親の言に従うことにしました。

ところが、一旦家に帰ったその子は家を飛び出して園に戻り、私がいなかったために給食室の油にマッチの火をいれ、園を全焼させてしまったのです。幸いけが人はなく、類焼も避けられたものの、私はすべてを失ってしまいました。

しかし、世の中は何が幸いするか分かりません。好意的な地主さんが認可保育園になるようにと二百坪の土地を貸して下さり、保護者の皆さんも寄付集めに走り回り、いままでよりも広い保育園ができました。不思議な経緯を経て念願の認可保育園ができたのは私が四十二歳の時でした。

リズム遊びはなぜ効果があるのか

金魚運動や両生類ハイハイ運動などの「リズムあそび」が幼児の発育に大きな影響を与えることに気づいたのは、園を運営するようになってからです。いつ、どのようにしてとり入れるようになったのか、はっきりと覚えていません。たぶん日々園児とふれあい、その動きを観察しながら、若いころに保育実習で学んだリズムが、私の中でいつの間にか一つになっていったのだと思います。

私は園児を静かに観察する中で、手足の親指の刺激が脳の発達に影響を与えることに気づきました。

生まれたばかりの赤ちゃんの親指は他の指に握られた形で常に内側にあります。成長するに従って、自然と外に出てくるのですが、脳に障害がある場合、いつまでも内側に入ったままなのです。そうした赤ちゃんはうつぶせにした状態で、胸の下に巻いた湯上りタオルを置き、木のおもちゃなどでうまく誘うと、それを握ろうとして自然と手の親指が開いてきます。

私は親指が外に出てくる育て方をしていくと他の機能が発育することを発見し、それを実証してきました。足の親指に力を入れて寝返り運動をしたり、両生類ハイハイで床を蹴らせるのもそのためです。

さらに三歳を過ぎると、音楽に合わせ、動物になりきって楽しく跳んだり、転んだり、這ったり、側転したりという「リズムあそび」へと発展させ、筋肉や運動神経の発達を促していくのです。脳に障害のある子は、うつぶせしにしてハイハイをさせようとしても、膝から下を上に上げてしまい、足の親指を床につけることができません。それでも金魚運動や寝返り運動などを毎日繰り返す中で、自然とハイハイを始めるケースは決して珍しくありません。

これらの運動は魚類（金魚運動）から両生類（ハイハイ運動）、さらに哺乳類（四つ足ハイハイ）、ヒト（歩く・走る・跳ぶ）へという人類の進化を表現しています。最近の研究で個体発生（子どもの発達）は系統発生（生物の進化の過程）と関係があることが明らかになってきましたが、私の保育理論と最新の科学が一致していることを知って、誰よりも驚いたのは私でした。

進化の道筋をたどる「リズムあそび」と〝お遊戯〟との決定的な違いはここにあります。

私が忘れられない女の子のことをお話しましょう。その子は被爆三世で無筋力を特徴とし、仰向けに寝かせて足を動かしてやると、足が交差してしまうほどグニャグニャになるのです。

私の勧めに応じて一家で深谷に引っ越してきたのはその子が一歳の時。私たちは金魚運動、寝返り運動、両生類ハイハイ運動などを毎日介助しながら粘り強く続けました。するとこういう運動を好むようになり、膝をついたハイハイを経て、一歳七か月の時には独り立ちができたのです。やがて走る力を身に着け、卒園後は無事に普通校に入学しました。

これもすべて脊椎動物の進化の過程で必要とされた運動を取り入れた「リズムあそび」をその子の発達の状態に応じて導入したにすぎませんが、結果的に奇跡としかいえない現象を起こしたのです。

無限の可能性を開花させる

障害児に限ったことではありません。「リズムあそび」は健常児にも大きな変化をもたらします。私は一昨年、財団法人・生存科学研究所主催の「こころ・脳と教育」研究シンポジウムにパネリストとして招かれ、「ハイハイと脳の発達」という題で、映像を使ってお話をしたことがあります。

そこでは両生類ハイハイ運動をした沖縄の姉妹園の年長児の絵と、その運動をしてこなかった他園の園児の絵を比較して見てもらいました。参加者には脳の発達ぶりが一目で分かったようで、口々に感嘆の声が上がったのです。私たちの園では年長児に童話を読んできかせると、子どもたちは競うように自分から絵を描き始めます。マルシャークの『森はいきている』の話をした時、ある女の子は、「四月の精」が杖を受け取ると、木々は芽吹き、マツユキ草が咲くという場面を自分のイメージの中で見事に描きあげました。

このように子どもは誰でも無限の可能性を秘めており、私たちが少し手助けをするだけで、それを大きく開花させていくのです。

しかし、私は幼児期の文字教育はあえてしない主義です。ましてや幼児期からの英才教育には大反対です。乳幼児期には五感を使った心身の土台づくりこそが重要で、知識はその上に積み上げられるものだからです。幼児期に必要なのは、薄着で、裸足で元気に木登りしたり、走り回ったり、泳いだり、動物と触れ合ったりすることです。斎藤保育を取り入れている園に足を運んでいただければ、園児たちがひ弱さとはいかに無縁であるか納得していただけるでしょう。

子どもたちに最高の環境を

保育の仕事に携わって約六十年。この間、健常児以外にも、父親が自分の娘に生ませた子どもを生まれてからずっと押し入れに閉じ込めていたり、貧しさゆえに客商売をしていた母親から障がいを持って生まれた子どもなど、実にいろいろな子を預かってきました。

しかし、入園希望を断ったことはありません。保育は命を預かる仕事です。常に命懸けで臨んできました。それだけに一人の人生が花開いた時の喜びは、それまでの苦労を忘れさせてくれるものです。

私は一度、大声をあげて泣いたことがあります。

「さくら保育園」を立ち上げて間もないころ、骨と皮だけのように痩せこけた東京の乳児を預かることになりました。その乳児を私は毎晩抱きしめて眠らせ、その子もまた私をとても慕うようになりました。

ところが年長になったとき、その子の父親が突然来て、連れて帰ったのです。親権がある以上どうしようもありません。私は体が引き裂かれるようでした。グッと我慢したものの、ついに堪えきれなくなって我が家に帰り、人知れず大声で泣いたのです。

その子がすっかり見違えた少年になって久々に園に顔を出してくれたのは中学生の時でした。以来、時々園を訪れては園児と遊んでくれるようになりました。

さらに時を経て、成人したその子からある時、連絡が入りました。結婚するので主賓の席に座ってほしいという通知でした。私は喜んで出席し、スピーチでは自分が大泣きした時の話をしました。

彼は私の話を神妙な表情で聞いていましたが、式が終わり皆を見送るや、私に駆け寄り抱きついて泣きじゃくるのです。見ると彼の奥さんも泣いていました。長年の胸のつかえが取れたのに違いありません。いつまでも私の心に残るさわやかな思い出の一つです。

保育に携わった六十年を振り返る時、つくづく感じるのは、幼いうちから見るもの、聞くもの、触れるものは最高のものを提供したいという思いです。それは保育の環境だけに限らず、子どもたちに心からの褒め言葉と最高の愛情を注いであげることです。そうすれば、その子の人生は必ず豊かになることでしょう。あの子との出会いはまさにそうだと思います。

私はいま米寿を迎え、園の運営から退きましたが、長年の保育士としての実体験から得たことを少しでもお伝えしたいという思いで呼ばれたところには行っています。それが次代を担う若者の人生の道標になるものと確信するからです。

月刊『致知』2008年6月号（致知出版社刊）より転載

註

(1)．アプガー指数［3頁］：アプガースコアとは、出生直後の新生児の状態を評価するスコアです。1皮膚色、2心拍数、3刺激による反射、4筋緊張、5呼吸状態の5項目に対し、0～10点のスコアをつけます。10点は正常、7～4点は軽症仮死、3～0点は重症仮死と判定します。この判定は分娩後1分と5分後で行う。

(2)．出生時重度新生児仮死症［3頁］：胎盤が早くはがれたり、その機能がわるかったり、へその緒が圧迫されたりして胎児へ十分に酸素が供給されない場合や、出生後の呼吸や循環が不十分な場合に起こる。新生児仮死の90％は胎児仮死の延長上にあり、出生後の仮死は10％にすぎないといわれている。

(3)．可塑性［5頁］：発達段階の神経系が環境に応じて最適な処理システムを作り上げるために、よく使われるニューロンの回路の処理効率を高め、使われない回路の効率を下げるという現象。

(4)．光トポグラフィ［12頁］：高次脳機能描画法と呼ばれ、太陽光にも含まれている無害な近赤外線を脳に当て、脳血流の変化を読み取る。

(5)．新生児脳低温療法［24頁］：脳の温度を34℃前後に保つ事で、低体温による重篤な合併症を回避しつつ脳細胞の死滅を最小限に留める事を目指す。

(6)．DVDブック子どもたちは未来・第二期「赤ちゃんの育て方」（かもがわ出版）［36頁］：あかりちゃんの0歳から2歳までの育ちを映像と本で紹介した作品。

(7)．ボイタ博士のツボ［40頁］：ドイツのボイタ教授によって発見された「反射性移動運動」を利用した運動機能障害に対する治療法。子どもに特定の姿勢をとらせ、特定の部分に適切な刺激を与えると、全身に運動反応（筋収縮）が繰り返し引き出される。教授はその反射性移動運動が新生児でも大人でも脳性麻痺児でも引き出されることを確かめ、人類の脳に生まれつき備わっている運動パターンであると考えた。

(8)．こうまのリズム遊び［70頁］：斎藤公子のリズム遊びのなかの一つ。メロディーに合わせて、膝を床につけた四つ這いで進み、音楽が1オクターブ高くなったところで、膝を伸ばした高バイにかえる。そしてテンポが変わると軽快に手綱をさばきながら駈ける。足の親指を使わないとできない運動である。

(9)．仙骨［70頁］：脊椎の下部に位置する大きな三角形の骨で、骨盤の上方後部であり、くさびのように寛骨に差し込まれている。その上部は腰椎の最下部と結合しており、下部は尾骨と結合している。

(10)．宇宙語［83頁］：言葉の意味を成さない音を並べて発声する音声。様々な要因が考えられるが、発達障がい児にも多く見られる。
（11）．ウークイ［97頁］：沖縄で旧盆の最終日に行われる先祖霊送りの儀式のこと。夜遅くに仏壇の前に家族、親族が集まり、線香をあげ、打ち紙《うちかび》を焚くなどして、先祖の霊をお送りする。
（12）．ヘルプ症候群［98頁］：妊娠後期または分娩時に生じる母体の生命の危険に伴う一連の症候を示す状態（溶血性貧血・肝逸脱酵素上昇・血小板低下）。妊娠高血圧症候群に伴うことが多い。
（13）．ツンデレ［98頁］：初めはツンツンしている（敵対的）が、何かのきっかけでデレデレ（過度に好意的）状態に変化すること。
（14）．逆さバイバイ［101頁］：「さよなら」するとき相手が手のひらを自分に向けるのを見て、これをそのまま真似して、自分側に手のひらを向けてバイバイすること。自閉症児に多く見られる傾向がある。
（15）．映画「アリサ」［132頁］：斎藤公子が創設したさくらんぼ保育園の園児の成長を0歳児から卒園期まで撮り続けた、長編記録映画。「さくらんぼ坊や」の総集編。１９８６年、青銅プロダクション・共同映画制作。
（16）．広汎性発達障がい［144頁］：大きくは発達障がいに含まれ、この中に自閉症・アスペルガー・レット症候群などを含む。
（17）．絵に髪の毛が3本［151頁］：子どもの描く絵を「心のカルテ」と捉えた斎藤公子は、職員や親たちとの勉強会で絵を見て子どもが抱えている問題をすくい上げた。「髪の毛が3本」は、身体的な脳の病気が隠れている場合、大人の干渉がうるさい場合、電磁波（テレビ）などで脳が落ち着かない場合など様々な要因をあげ、解決策を話し合った。

斎藤公子著作一覧（参考文献　斎藤公子の本と映像）

【一般】（出版年、著・編・監修・監督・付言、出版社）

1『ぬいぐるみの動物』1955斎藤公子　日本ユネスコ美術教育連盟 美術出版社
2『小鳩よはばたけ』1976浅尾忠男　鳩の森書房
3『あすを拓く子ら さくら・さくらんぼ保育園の実践』1976斎藤公子・川島浩（写真）あゆみ出版
4『（新版）あすを拓く子ら さくら・さくらんぼ保育の実践』（斎藤公子保育実践全集6）1989斎藤公子・川島浩（写真）創風社
5『自然・人間・保育』1980斎藤公子・柳田謙十郎　あゆみ出版
6『さくら・さくらんぼのリズムとうた』1980斎藤公子　群羊社
7『（新版）さくら・さくらんぼのリズムとうた』1994斎藤公子　群羊社
8『子育て 錦を織るしごと』1982斎藤公子　労働旬報社　復刊 2011斎藤公子記念館　かもがわ出版
9『子どもは描く「さくらんぼ坊や」の子どもたち』1983斎藤公子　青木書店　復刊2019　Kフリーダム発行　太郎次郎社エディタス発売
10『さくらんぼ坊やの世界：乳幼児の育ちゆくみちすじ』1983斎藤公子・山崎定人　労働旬報社
11『さくら・さくらんぼの障害児保育』1984 斎藤公子　青木書店　復刊2019　Kフリーダム発行　太郎次郎社エディタス発売
12『[写真集]ヒトが人間になるさくら・さくらんぼ保育園の365日』1984川島浩・斎藤公子　太郎次郎社
13『さくら・さくらんぼの子どもたち：100人のアリサが巣立つとき』1985斎藤公子・山崎定人　労働旬報社
14『完成台本 アリサ』1986斎藤公子・山崎定人・小島義史・ふじたあさや　青銅舎
15『斎藤公子の保育論―対談』1985斎藤公子・井尻正二　築地書館
16『保育の未来を考える』1985斎藤公子・井尻正二　築地書館
17『哲学と保育（斎藤公子保育実践全集1）』1986斎藤公子・柳田謙十郎　創風社

18『子どもがみんな笑える日まで（斎藤公子保育実践全集２）』１９８６斎藤公子・浅尾忠男・清水寛　創風社
19『保育とはなにか―対談（斎藤公子保育実践全集３）』１９８７斎藤公子・秋葉英則・宍戸健夫・田中正人・広木克行　創風社
20『１００人のアリサ：就学前の子どもたちが織りなした〝綾〟（斎藤公子保育実践全集４）』１９８７斎藤公子　創風社
21『女性は地球をまもる―対談』１９８７斎藤公子・住井すゑ　創風社
22『愛と変革の保育思想―対談』１９８８斎藤公子・松田解子　創風社
23『６歳児の保育と保育思想の発展（斎藤公子保育実践全集５）』１９８９斎藤公子・広木克行　創風社
24『子どもたちの未来のために：歴史から何を学ぶか』１９９０斎藤公子・塩田庄兵衛　創風社
25『もう一つの明治維新：中沼了三と隠岐騒動』１９９１斎藤公子・中沼郁　創風社
26『子育てに魅せられて：奥深き未知の国』１９９７斎藤公子　青木書店
27『脳図鑑21』２００１小泉英明編・斎藤公子他　工作舎
28『子育て・織りなした錦：乳幼児の発達の可能性は果てしない』２００６斎藤公子　かもがわ出版
29『生物の進化に学ぶ乳幼児期の子育て』２００７斎藤公子　かもがわ出版
30『脳科学と芸術』２００８小泉英明編著・斎藤公子他　工作舎

【名作絵本・保育絵本】（出版年、著・編・監修・監督・付言、出版社）

31『錦の中の仙女』１９８５斎藤公子監修　青木書店　復刊２０１９　Ｋフリーダム発行　太郎次郎社エディタス発売
32『黄金のかもしか』１９８５斎藤公子監修　青木書店　復刊２０１９　Ｋフリーダム発行　太郎次郎社エディタス発売
33『サルタン王ものがたり』１９８５斎藤公子監修　青木書店　復刊２０１９　Ｋフリーダム発行　太郎次郎社エディタス発売
34『森は生きている』１９８６斎藤公子監修　青木書店　復刊２０１９　Ｋフリーダム発行　太郎次郎社エディタス発売
35『わらしべ王子』１９９０斎藤公子監修　創風社

36『青がえるの騎手』１９９０斎藤公子監修　創風社
37『金のにわとり』１９９０斎藤公子監修　創風社
38『つばめがはこんだ南のたね』１９９２斎藤公子監修　創風社
39『森の中の三人の小人』１９９４斎藤公子監修　創風社
40『泥沼の王の娘』１９９５斎藤公子監修　創風社

【みんなの保育大学シリーズ】（出版年、著・編・監修・監督・付言）いずれも築地書館
41『ひとの先祖と子どものおいたち』１９７９井尻正二著　斎藤公子付言
42『子ども発達とヒトの進化』１９８０井尻正二著　斎藤公子付言
43『手のうごきと脳のはたらき』１９８３香原志勢著　斎藤公子付言
44『足のはたらきと子どもの成長』１９８２近藤四郎著　斎藤公子付言
45『脳の発達と子どものからだ』１９８２久保田競著　斎藤公子付言
46『内臓のはたらきと子どものこころ』１９８２三木成生著　斎藤公子付言
47『進化とはなにか』１９８２井尻正二著　斎藤公子付言
48『胎児からの子育て』１９８３大島清著　斎藤公子付言
49『歯の健康と子どものからだ』１９８４落合靖一著　斎藤公子付言
50『鼻のしくみと子どもの成長』１９８５高橋良著　斎藤公子付言
51『目のはたらきと子どもの成長』１９８５潮崎克著　斎藤公子付言
52『血液の謎と子どもの成長』１９８７岡本彰祐著 斎藤公子付言
53『胎児化の話』１９９０井尻正二著　斎藤公子付言

【映画・DVD】（出版年、著・編・監修・監督・付言、制作会社）

54「さくらんぼ坊や1　幼児の全面発達を求めて」1978山崎定人監督 共同映画・青銅プロ
55「さくらんぼ坊や2　模倣と自立」1980山崎定人監督　共同映画
56「さくらんぼ坊や3　言葉と自我」1981山崎定人監督　共同映画
57「さくらんぼ坊や4　4歳と仲間」1982山崎定人監督　共同映画
58「さくらんぼ坊や5　五才と仲間」1983山崎定人監督　共同映画
59「さくらんぼ坊や6　自治と創造」1984山崎定人監督　共同映画
60「アリサ　ヒトから人間への記録」1986山崎定人監督　青銅プロ　共同映画
61『映像で見る　子どもたちは未来（DVDブック）第Ⅰ期』2008監修：斎藤公子・小泉英明
映像：穂盛文子監督・Kフリーダム発行　かもがわ出版発売
62『映像で見る　子どもたちは未来（DVDブック）第Ⅱ期』2009監修：斎藤公子・小泉英明
映像：穂盛文子監督・Kフリーダム発行　かもがわ出版発売
63『映像で見る　子どもたちは未来（DVDブック）第Ⅲ期』2011編集：斎藤公子記念館
映像：穂盛文子監督・Kフリーダム発行　かもがわ出版発売
64『映像で見る　子どもたちは未来（DVDブック）別巻』2010小泉英明編著
映像：穂盛文子監督・Kフリーダム発行　かもがわ出版発売

編著者　大城《おおしろ》 清美《きよみ》（小規模保育事業こばと保育園園長）

企画・編集
映像監督　穂盛《ほもり》 文子《ふみこ》（スタジオほもり合同会社代表）

協力：佐藤 幸紀（斎藤公子の部屋）
桐野 昌三（Kフリーダム）
桑山 和之（映画プロデューサー）

DVDブック　リズム遊びが脳を育《はぐく》む

2019年11月11日　初版第1刷発行

発行　スタジオほもり合同会社
〒201-0012 東京都狛江市中和泉５－２８－２
TEL 03-3488-4333　FAX 03-6869-8155
http://www.studio-homori.co.jp

発売　株式会社太郎次郎社エディタス
〒113-0033 東京都文京区本郷３－４－３－８F
TEL 03-3815-0605

印刷・製本　（株）東京印書館

付属のDVDの図書館外への貸し出し可
ISBN 978-4-8118-4141-0 C0037